ルポルタージュ

イスラムに生まれて

知られざる女性たちの私生活

読売新聞中東特派員 著

ミネルヴァ書房

はじめに

日本でイスラム世界を知る著作として『アラビアンナイト（千夜一夜物語）』が知られている。その中の名作『アラジンと魔法のランプ』には、皇帝（スルタン）の娘を見かけた主人公アラジンが、「おかあさん以外にヴェールをとった女の人というのを見たことがありません」と驚くくだりがある。舞台は中国だが、物語は中東で伝承されており、かつてのイスラム世界の女性が隠れた存在だったことをうかがわせる。

中東を舞台にした映画といえば、『アラビアのロレンス』が有名だろう。第一次世界大戦中に英国人将校がアラブの義勇兵とともにオスマントルコ帝国と戦う長編作だが、映像に女性がほとんど出てこない。戦争ものとはいえ、近代のイスラム世界の女性もまた、隠れた存在だったようだ。筆者は二〇一六〜一八年、読売新聞中東特派員として、エジプトの首都カイロに赴任した。イスラム教の聖地メッカを持つサウジアラビアに出張に行くと、通常の生活で女性と話す機会はなく、取材相手の自宅を訪ねても女性を見かけたことがなかった。

イスラム世界で女性が隠れた存在に見えるのは、イスラム教の教えが影響している。メッカの商人ムハンマドが六一〇年、唯一神アッラーの啓示を受け、布教を始めたという宗教は、平等や救済の教えを訴え、民衆の心をつかんだ。ムハンマドは預言者として、信者を迫害する異教徒への聖戦（ジハード）を呼びかけ、次第に領土を拡大し、それが後のイスラム帝国につながる。信仰告白（シャハーダ）、礼拝、断食、貧者への寄付、巡礼という信者としての義務（五行）は、聖典コーランに記載され、ムハンマドの預言者としての言行もハディースとしてまとめられ、イスラム圏の社会倫理や規範となった。

その中で、女性についても様々な教えが伝えられた。例えば、コーラン第二四章「光り」の三一節は「それから女の信仰者にも言っておやり、慎しみぶかく目を下げて、陰部は大事に守っておき、外部に出ている部分はしかたがないが、そのほかの美しいところは人に見せぬよう」とし、ヴェールの着用を促す。第三三章「部族同盟」の五三節には、預言者の家を訪れた男に対し、「おまえたち（預言者の妻に）何か下さいと言う場合は、必ず垂幕《とばり》の向うから頼むように」とあり、他人の自宅で他人の妻を見てはならないと伝える。こうした教えに共通するのは、男女平等を原則としつつ、女性を守るという思想であり、性を巡るイスラム倫理の根幹となった。宗教心の強い信徒はそれぞれコーランやハディースを解釈し、日常生活に取り入れるようになった。

近年、こうしたイスラムの価値観が揺らいでいる。中東や北アフリカが、世界で最も男女平等が進んでいない地域だと批判されるためだ。国際機関「世界経済フォーラム」が発表した二〇二〇年の男女平等ランキング（一五三か国）によると、ワースト一〇位のうち、中東・北アフリカ地域のイスラム諸国だけで七か国を占めた。一二一位の日本より高位なのは一二〇位のアラブ首長国連邦（UAE）だけだった。

ランキングで上位を独占する欧州諸国は、イスラム世界への非難を強めるが、彼らもかつては男女差が当たり前の社会に生きていた。一六世紀のポルトガル人宣教師ルイス・フロイスは著書に「ヨーロッパでは妻は夫の許可がなくては、家から外に出ない」と記した。近代市民法典の先駆けと言われるナポレオンの民法典も、夫が妻を保護し、妻は夫に従うと明記していた。欧州がそれから男女同権に舵を切ったように、イスラム世界も男女の役割の違いより、役割の平等を重視する社会に変わっていくのだろうか。

そんな疑問を抱いていた時、世界でただ一か国、女性の自動車運転を認めていなかったサウジアラビアが運転を解禁した。日本を含む多くの国で当たり前の行為に熱狂する女性たち。この地域の女性たちはどのような生活を送っているのか、彼女たちは何を考え、何を求めて生きているのか、を疑問に思い、その内実に迫る連載記事を企画した。幸運にも、カイロ支局には当時、カイロに取材拠点を置く日本メディアでただ一人の女性特派員がいた。倉茂由美子はこの提案に興味を示し、メインライターとして中東全域を駆け回った。エルサレムの金子靖志もカバー範囲を超えて精力的に取材に取り組んだ。テヘランの中西賢司、水野翔太もイランの事情に迫った。本間が取材とともに、各記者の情報をまとめ、読売新聞国際面に連載記事「イスラムの女性」がスタートした。

本書は二〇一八〜一九年に掲載された連載記事を加筆修正したもので、現代イスラム女性の実像をテーマ別、世代別に掘り下げたルポルタージュである。全て実話で構成され、これまで語られることが少なかった女性たちの本音と肉声が詰まっている。取材範囲は、中東・北アフリカのイスラム圏全域とその周辺に及んだ。これだけのボリュームの類書は日本ではほとんどないと確信している。書籍化の提案を受け入れていただいたミネルヴァ書房の水野安奈さんには心から感謝したい。

日本にとって、イスラム世界は長く、化石燃料の供給地域であり、現在も中東への原油依存度は九割近くに上る。グローバル化の時代、中東に長期滞在する日本人は近年、一万人を超えた。日本に住むイスラム教徒の数は少なくとも四万人と言われ、増加傾向にあるという。重要性を増すイスラム地域の社会や文化や習慣を知ることは、日本と日本人の利益にかなうはずだ。本書がその一助になれば幸いである。

なお、取材期間は二〇一七~二〇年であり、本書で過去の出来事を「〇年前」と振り返る時、この時期を起点としている。通貨レートは、この時期の主な値を採用した。コーランの記述は原則、『日亜対訳クルアーン』(中田考監修、作品社)や『コーラン』(井筒俊彦訳、岩波文庫)から引用した。

二〇二〇年一〇月

本間圭一

ルポルタージュ　イスラムに生まれて——知られざる女性たちの私生活　目次

はじめに

第三章　男に負けない……59

第五章　恋愛と婚活

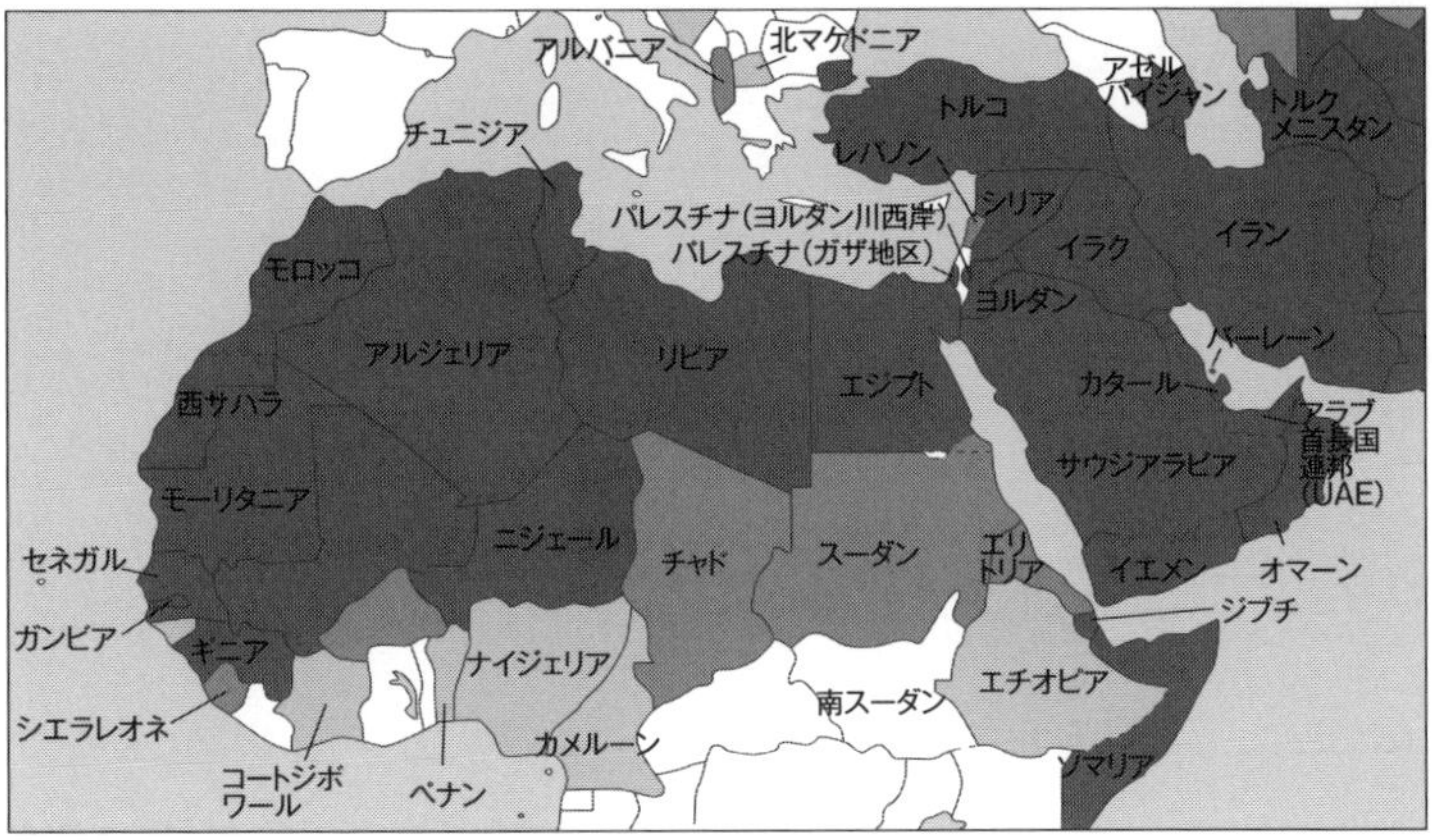

全人口に占めるイスラム教徒の割合

（各国の政府機関が公表しているデータなどに基づく）

■ 100～80％以上　■ 80％未満～50％　■ 50％未満～20％以上

第一章　子　供

1　出産　男児求められ（パレスチナ・ヨルダン川西岸）

名家からのプレッシャー

意識を失うほどの痛みに耐えると、甲高い産声が上がった。病院のベッドで助産師から我が子を受け取り、抱きかかえるとうれしくて涙があふれた。だが、傍らにいた夫は静かに我が子の下半身を見つめていた。おちんちんがついていなかった。

「君のせいじゃない。アッラー（イスラム教の神）が授けてくれた子だ」と声をかけてくれた。だが、その表情から落胆を隠せないでいた。

翌日、目を覚ますとベッドの脇に義母がいた。「また女の子だったわね……」。五人目も女の子だったことにため息をついていた。そして、険しい表情を向け、「次こそは男の子を産みなさい」と告げた。ショックで返す言葉がなかった。

パレスチナのナアリーンで、リサーンちゃん（右）の肩に手を乗せ、笑顔を見せるサラーハさん（金子靖志撮影）。

パレスチナ自治区の町ナアリーンに住むサラーハ・ジャリーラさん（四八）が、一〇年前を振り返った。あの時産まれた女児はリサーンと名付けられ、一〇歳になっていた。「私、男の子に生まれてくればよかったのにね」。三つ編みの少女は、母サラーハさんの隣でそうつぶやいた。

サラーハさんの嫁いだ先は、数百年続く名家だった。イスラム圏では通常、男が家を継ぐ。このため、結婚後、義母から男の子を産むように言われ続けた。その義母や義父は親族から「家系を途絶えさせてはいけない。なんとしてでも男児を産んでほしい」と頼まれていたという。

サラーハさんは動物性の脂を避けたり、ナッツ類を多く食べたり、男児を授かるために受けた周囲の忠告は全て試した。次女が生まれた直後、医師に相談し、男児を産み分けることができるという薬も処方してもらった。だが、「全てかなわなかった」。

五女のリサーンちゃんを産み、子供は女ばかり五人になった。長女（二六）の出産から二〇年近く続いた男児への思いを持ち続けることができなくなった。夫婦の会話は途絶え、子作りに挑戦しなくなった。

イスラム教の聖典コーランは、第四章「女性」で、男女の役割をこう記す。

「男たちは女たちの上に立つ管理人である。アッラーが一方に他方以上に恵み給うたことゆえ、また、彼らが彼らの財産から費やすことゆえに」。

女性は男性に保護される立場にある。この教えの解釈により、女性は結婚後、夫の監督下に置かれ、財産の相続権の多くは男性に与えられている。中東の紛争地では、守られて生きることができる女児を好む人々もいるが、家系を継ぐのは男性のため、一般的には男児を好む傾向が強くなる。コーランは、生まれたばかりの女児を生き埋めにする風習がかつてあったことを悪例として記述している。だが、今でも女児よりも男児を求める傾向に変化はない。

サラーハさんの夫は、自分の母親が妻につらく当たる場面を何度も見てきた。だが、何も言えず黙って見るしかなかった。夫は「私の母だって本当は妻に厳しい言葉をかけたくなかったはずだ。でも、親族の圧力に母もストレスを感じていて、妻にぶつけてしまったのだと思う」と理解を示した。

八五歳になった義母は今も、「息子の代で家系を終わらすわけにはいかない」と、サラーハさんに男児を産むよう求めているという。だが、サラーハさんは「『もうすぐ五〇歳になるし、年齢的に限界。男の子はもう産めないわ』と義母に言い返している」という。

五女のリサーンちゃんは物心がついて、大人たちの会話や雰囲気が次第に分かるようになってきた。そして複雑な表情を浮かべながらこう話した。

「お姉ちゃんたちに話を聞くと、女の子よりも男の子の方が自由だし、やりたいことができると知ったの。男の子ならどんなスポーツもできるし、大きくなったら一人で旅行にだって行ける。でも女の子がスポーツをすることは良く思われないし、女の子だけで旅行に行くことはできない。女の子よりも男の子の方がいろいろな仕事に就けるのに、女の子の仕事は限られる」。

リサーンちゃんの話を聞いていた次女ディアさん（二二）は「確かにリサーンの言う通りだし、女性の方が色々と制約が多いのは事実ね。家系が途絶えるというのはイスラムの社会では本当に避けたいことだし……」と漏らした。ディアさんはデザインの専門学校を卒業後、映像編集のプロになるために別の専門学校に進学するつもりだ。ディアさんは「パレスチナでも女性が活躍している企業が増えている。仕事で活躍している私の姿をリサーンには見てほしいと思っている」と語った。

娘二人の話を聞いていた両親は複雑な表情を浮かべた。しかし、リサーンちゃんに笑顔を向けながら、「自分がしたいことをすれば大丈夫。女だからできないと思わないで。昔に比べて女性に対する意識も変わってきているのは事実。私たちが応援するから」と伝えた。リサーンちゃんはにっこりと笑った。

「どうか男の子でありませんように」

だが、男児が産まれないと夫婦関係は破綻に向かうこともある。

パレスチナ自治区ラマッラに住むジャミールさん（仮名、四二）は子宝に恵まれず、夫は五年前、イスラム教の教義で認められている第二夫人を迎えた。そこには、義母の説得があった。ある夜、義母が夫に「私たちには跡取りの男の子が必要なの。今の人との子供は諦めて、別の女性と結婚しなさい」と話しているのを聞いた。ジャミールさんは「義母がそんなことを考えていたなんて本当にショックだった。人生で初めての屈辱を味わった」と振り返る。

それでも、ジャミールさんは産婦人科に毎週通って相談したり、男児を産みやすくなるという健康飲料を飲んだりした。夫に子作りに励んでもらうため、新作のランジェリーを身に着けたり、新しい香水を付けたりと色々な努力もした。全ては男の子を授かるためだったが、なかなか妊娠しなかった。ジャミールさんは「夫は次第に私の体を求めないようになってしまった。もう私には興味がなくなっていると感じた」と打ち明けた。

そんな時、第二夫人が妊娠したと聞いた。「どうか男の子でありませんように」と祈り続けた。しばらくして、第二夫人が出産した。おちんちんがついていた。

ジャミールさんは「あの女に先を越されないように頑張ってきた。でもそれが全て水の泡になってしまった。男の子が生まれたと聞いた時、死にたくなるほどつらかった。私にはもう居場所がない、必要ないと言われているようだった」と涙を流した。

――産まれた瞬間から始まる女性の試練。学校教育もその一つになる。

2　家事手伝い　就学阻む（エジプト）

「学校に行って英語を勉強したい」

エジプト南部サアダラに約二〇家族が住む集落がある。ナイル川に沿って南北に走る道路わきにアイード・サアダラさん（四七）の自宅があった。テントを貸す仕事で、妻と五人の娘を養う。電球が切れた台所で、三女のジャマちゃん（八）が、食器の後片付けをしていた。「本当は学校に行って、英語を勉強したい。上手に話すのが夢なの」と言って、皿を洗い始めた。

八歳は小学二年の年だ。しかし、ジャマちゃんは、学校に通っていない。母親の手伝いをして、料理を作り、家の中を掃除する。家には本がないため、家事の合間に、友達と石ころを転がして遊び、毎日が過ぎていく。

サアダラさんは、娘を通学させていないことについて、「学校はここから四キロメートルも離れているからだ」と話した。さらに続けた。「それだけではない。女の子が家の手伝いをするのは、勉強よりも大切なことだ」。娘五人のうち、三人は学校に通っていない。幼い二人にも行かせるつもりはない。「だからといって、娘と喧嘩はしない。父親の言うことは絶対だ。言うことを聞けば、ビスケットでも服でも買ってあげる」と言い切った。

アイードさん家だけではない。この村の約二〇家族のうち、男の子は全員学校に行くが、女の子はあまり登校していないという。

ジャマちゃんが父親に改めて思いを打ち明けた。

ジャマ「お父さん、私、学校に行きたい」。

アイード「インシャーアッラー（神のおぼしめしのままに）」。

ジャマ（しばらく沈黙して）「私、お父さんが大好き。お父さんが望むことをしたい」。

エジプト南部サアダラで、父親（右）と話すジャマちゃん（左）（本間圭一撮影）。

笑顔をみせながらも、歯を食いしばってはき出した言葉のように聞こえた。

イスラム教が女性の就学を認めないわけではない。三頁で紹介したコーランの第四章「女性」はさらにこう続く。「だから貞淑な女は（男にたいして）ひたすら従順に、またアッラーが大切に守って下さる（夫婦間の）秘めごとを人に知られぬようそっと守ることが肝要」。

女性は従順で貞淑であることが極めて大切であるという考え方が、一部信徒の解釈により、就学の必要なしと理解されているようだ。エジプト南部の部族には元々、男性が砂漠で羊やラクダを育て、女性が家事に徹する役割分担の伝統があった。結果として、女性は教育より家事との考え方が優勢となる。

国連教育科学文化機関（ユネスコ）によると、中東・北アフリカ地域で、通学していない女子児童・生徒の割合は二〇一六年、小学校で一二％、中学校で一六％、高校で三五％に達した。減少傾向にあるが、都市よりも地方で就学の機会は阻まれる。エジプトは他国よりも、就学率が低い国とみられている。

絶えない悲劇

このため、女子の就学を促す活動は各地で起こる。

エジプトの民間活動団体（NGO）「ミスル・エル・ヒール財団」は、ユネスコの協力を受け、過去七年間で約一〇〇〇校の学校建設に携わった。この学校が迎え入れる約三万人の子供うち、六割が七〜一四歳の少女だ。

イエメンのNGO「全員の教育のための連合」は最近、地方の部族の幹部に対し、女子を学校に通わせる誓約書に署名させ、登校を促そうとした。地方の部族では、女子教育は無意味で、女の子は良い妻になるために家事を行うべきとの考えが強い。イエメン社会では誓約を破ることは「恥」とされるため、あえて誓約書を取ることで女子教育に取り組ませることにした。

だが、女子の就学を阻むニュースは絶えない。

モロッコでは二〇一八年一月、通学路が危険だという理由で父親から登校を禁じられた少女（一四）

が首つり自殺した。少女は家から二〇キロメートル離れた学校にバスで通っていた。帰宅時間が遅くなったことが続いたため、父親は誘拐される可能性があると言って、娘を通学させないようにしたのだ。絶望した少女は友人に「私、死ぬ」とメッセージを送り、慌てた友人が教師とともに少女宅に駆け付けたが、手遅れだったという。

エジプト北部ギザ近郊の村では、高校一年生の少女（一五）が二〇一八年、首つり自殺した。兄から結婚に備えて高校に行くのをやめるように言われていた。母親が病気になった時、父親からも家事のために休学を求められ、絶望して自ら命を絶ったのだ。

女性の能力は高い。ヨルダンの多くの学校では、成績で女子が男子を上回り、大学では、女子の学生数が男子学生を上回る学科もある。読解の試験を実施したところ、六九か国で女子が男子よりも成績が良かったという。アラブ首長国連邦（UAE）の「政策調査のためのサウド・ビン・サクル・アル・カシミ財団」のナターシャ・リッジ事務局長は「女子は、平等な教育の機会を与えられれば、その機会を利用し、素晴らしい結果を出す」と語る。

背景として、男子は勉強ができなくても就職は可能だが、女子にとって学力は数少ない社会進出の手段になっている事情がある。このため、宿題にかける平均時間は、女子が男子よりも一時間多く、ビデオゲームに費やす時間は男子が女子の四倍という統計がある。「女の子は五時間勉強しても十分ではないが、男の子は一時間でも勉強すれば驚かれる」という笑い話もある。そして、教育を受けた女性は、政治に関心を示し、社会問題や経済問題にも積極的に発言する。

だが、問題は、貧困家庭に育ち、家事を任されるため、学校に通いたくても通えない女の子がいることだ。さらに、学校を卒業しても、結婚や出産を機に、仕事を辞める女性も多い。苦学の末、看護師や教員になれば、生涯仕事を持ち続けることも可能だが、カタールやオマーンなどアラビア半島の国々では、職場で女性の割合は二割に過ぎないのが現実だ。産油国では多くの男性に高給の仕事が保証されており、女性があえて働く必要がないという面もある。結局、女性が妻や母となり、家庭の仕事に徹することで、多くの親は娘に自分が経験してきたような役割を求めることになる。娘たちはそれぞれもがきながら、自分なりの答えを見つけようとしている。

3　子供のヘジャブ　初潮を迎えた選択（エジプト）

男性の視線避ける

「暑い！蒸れる！こんなの巻きたくないのに！」。気温が四〇度近い六月、エジプトのカイロ郊外で中学三年のリマーンさん（一五）は、頭にぴったりと巻いたピンク色のヘジャブ（頭髪を隠すスカーフ）を触りながら、いらだった。ヘジャブを巻き始めてから初めて経験する夏。「これからまだまだ暑くなるなんて」と、額の汗をぬぐった。

イスラム教のコーランは、女性に美しい部分を人に見せないように説く。髪の毛を隠せとは記していないが、男性の性欲を掻き立てないため、髪は覆うべきだと解釈されることが多い。一般的には、

◇ヘジャブ
頭髪を覆い隠す布。比較的簡易な装いで多くのイスラム諸国の女性が着用している。アラビア語で「覆うもの」を意味する。

◇チャドル
イランやアフガニスタンで多く着用されており、頭からかぶって全身を覆い隠す伝統衣装。

◇ニカブ
目の部分を除いて、顔を隠す布。サウジアラビアなどで多く着用されている。サウジなどではガウンのような布で全身を覆う「アバヤ」の着用が求められている。

◇ブルカ
目元は網状になっており、頭から全身を覆う衣装。アフガンの旧支配勢力タリバンが着用を強制した。

◇ブルキニ
顔以外のほぼ全身を覆う水着。名称はイスラム女性の伝統衣装「ブルカ」と水着の「ビキニ」から名付けられた。

図１　イスラムの女性の主な衣装

出所：読売新聞中東特派員ら作成。

初潮を迎えた時から「大人の女」になったとみなされ、男性の視線を避けるためにヘジャブをかぶることが求められる（図1参照）。そのため、中学生くらいの女子は、ヘジャブをかぶるか、かぶらないか、選択を迫られる。

リマーンさんがヘジャブをかぶり始めたのは一年前の秋だ。初潮を両親に報告すると、「明日からヘジャブをかぶりなさい」と言われた。だが、リマーンさんは、「私はまだ子供よ」と言って、今まで通りに髪を出し、半袖のシャツ姿で学校に通った。父親も、仕方なく容認してくれていた。

だがその三か月後、地方の親戚の家で集まりがあった時のことだ。スカーフを着けていなかったリマーンさんの「ヘジャブ問題」は、久々に会った親族たちの話題となった。

「生理があるのに、なぜかぶらないの」「大人の女が髪の毛を見せるとは、ふしだらだぞ」「ハラーム（禁忌）だ」「正しいイスラム教徒に導くのは、親の務めだ」。

親族から非難されたのは、リマーンさんよりも父親だった。自宅に帰ると、案の定、父親に雷を落とされた。「お前のせいで親戚中の前で恥をかいた。ヘジャブをかぶるまで外出は禁止だ。学校にも行かせない」

「外出禁止なんて。そんな……」。リマーンさんは、そう口に出しかけたが、父親にこれ以上逆らえない。親族に批判され、肩身が狭そうにしていた父の姿を思い出し、申し訳なく感じたからだ。翌日から、ヘジャブをして学校に行くようになった。

ヘジャブをかぶる決断をするということは、髪を隠すだけではなく、同時に手足など肌の露出もやめることになる。リマーンさんが好きだったTシャツにジーンズ姿は昔の話となり、今はどんなに暑い日でもカーディガンやジャケットを羽織る。

本音を言えば、ヘジャブをかぶることがイスラム教徒の義務と言われることに納得がいかない。でも、「一度ヘジャブをかぶると決めた以上、途中で『やっぱりやめる』というわけにはいかない。それは、神との約束を破ることになるから」と話す。「私はもう一生、髪も肌も出して外を歩くことはできないのね……」とため息をついた。

リマーンさんのように、親の意向や周囲からの圧力によって、ヘジャブをかぶるようになった女性は少なくない。一般的に、女性は高齢になるとヘジャブをかぶる傾向が強くなり、娘にもそれを求める。死後天国に行くため、晩年を信心深く過ごそうとする人が増えるためだ。だが、若い女性は、そうした圧力がなければ、おしゃれやファッションを重視してヘジャブをつけなかったり、「結婚したら、愛する夫のためにヘジャブをつける」と考えて後でつけようとしたりする傾向がある。

髪は女の命、「自分の魅力隠さない」

「私は、パパみたいな人が父親で良かった。本当にラッキー」。「かぶらない派」の女子高生ナニースさん（一六）はそう言いながら、腰まである髪を指でとかした。

初潮を迎えたのは約一年前。「私、ヘジャブは巻かないから」と両親に宣言した。既にその時、何年もかけて、黒いカールの髪を腰まで伸ばしていた。中東でも「髪は女の命」だ。髪の毛は黒く、長ければ長いほど美しく、腰くらいまであるのが「理想」とされる。エジプトでは珍しいストレートヘアは「シルク」と言われて羨望の的だ。天然のカールもゴージャスで人気がある。

ヘジャブをかぶらないと決めたのは、「自分の魅力を隠してしまったら、素敵な男性と出会うチャンスをつかめない」と考えたからだ。自分なりにコーランを読んで考えたが、「厳密に『髪を隠せ』とは書いてない」と判断した。

父親（五七）も、「信仰は心の問題。見てくれは重要ではない」と支持してくれた。「ヘジャブは、元々遊牧民の文化で、イスラム教徒としての義務とは関係ない」と自らの解釈を披露した。

若い頃からヘジャブを巻く母親（五二）は複雑だ。「コーランは、ヘジャブを巻くべきだと書いている」と考えているが、「パパはいいと言っている」と強弁するナニースさんを前に、「イスラム教は他人に何かを強制することを禁止している」と娘を尊重せざるを得ない。

場所によって使い分け作戦

親には逆らえない。でもヘジャブはかぶりたくない——。そんな思いを抱き、親の目が届く所と届かない所で、ヘジャブを巻いたり、外したりして、うまく使い分ける女子もいる。

「もう家に帰らなきゃ」。友人宅に遊びに来ていた中学三年生ラナさん（一五）は、鏡の前に駆けて行き、ヘジャブを頭に巻き始めた。そこでは、友人の父親や弟と出くわしたが、ラナさんはヘジャブを脱ぎ、髪をほどいていた。「これが両親にばれたら大変なことになる」と言って、ヘジャブを巻き終えると急いで家路についた。

ラナさんも初潮がきたのは約一年前だ。両親からヘジャブをかぶるよう言われた。「ダサいから嫌！」と反抗してみたが、父親は「神の命令だ。お前の身を守るためでもあるんだ」とはねつけた。

演劇部に所属する活動的なラナさんは、ジーンズにTシャツといったカジュアルな服装が好きで、ヘジャブは「おばさん臭くて、似合わない」と思っている。そこで思いついたのが、場所によって使い分ける「作戦」だ。学校や家の近所ではヘジャブをかぶる。でも、友人宅で遊んだり、一緒に買い物に出かけたりする時はヘジャブを外す。

カイロ郊外の友人宅で、家に帰るため急いでヘジャブを巻くラナさん（倉茂由美子撮影）。

ただ、ヘジャブを外している時にも警戒を欠かさない。親や親戚が偶然通りかかって見つかる可能性もあるため、カフェでは窓際の席を避けて座る。ヘジャブはいつでも首にかけておき、見つかった時には「ほどけたから、巻き直そうとしていたところ」と言い訳できるようにしている。

幸い、この一年間「作戦」は親にばれずにうまくいっている。だが、最近は、両親をだましているような罪悪感にさいなまれ始めた。「自分はヘジャブをかぶりたくないという本音を、もう一度両親にぶつけてみようかな。でも、きっとまた相手にされない……」と悩みを深める。

――リマーンさんやナニースさんら一〇代の女子のヘジャブ着用は、自宅の外でつけるか外すかが問題となる。ただ、どちらの側であっても、家族と暮らす自宅に戻れば、ヘジャブを脱ぎ、他人の視線から解放され、くつろぎのひと時を過ごす。しかし、自宅の中でも着用を求められる女子もいる。

4　孤児の居場所　他人か身内か（クウェート）

養父も「異性」、養母の嫉妬

「あなたは本当の子どもじゃない。今日から家の中でも髪を隠しなさい」。ペルシャ湾に面したクウェート市に住むシャイハさん（一三）は、初潮を迎えた八年前のある日、「母親」からこう告げられた。実の母親だと信じていたのは養母で、自分は孤児院から引き取られた捨て子だったと打ち明けられたのだ。この日から、家族の中で「他人」として扱われるようになった。

イスラム教は、孤児に優しい宗教と言われる。預言者ムハンマド自身が、幼くして両親を亡くした孤児だったとされ、コーランの第九三章「朝」の九節は「孤児は決していじめてはならぬぞ」と言明している。孤児の面倒をみることは、死後天国に行ける行為として推奨されている。コーランは一方で、第三三章「部族同盟」の四節に「養子が本当の息子になるわけでもない」とも記す。正式な婚姻関係に基づく血縁を重視し、それを明確にする狙いがあるとされる。孤児は、養育を希望する家族に引き取られて生活をすることはできるが、法的な権利は実子には及ばない。

　子供が小さいうちは、共同生活もうまくいく。だが、成長するにつれ、一つ屋根の下に「他人」の異性が混じることで様々な問題が表面化することになる。エジプト・カイロの孤児院によると、孤児として引き取られるのは、男児よりも女児の方が好まれる。女児の方が育てやすいと考えられているだけではない。「男児が大きくなった時に、血のつながりのない妻の身に『危険』が及びかねない」と夫が心配するからだという。

　この問題を回避する方法はある。養母が自分の母乳を与える方法だ。イスラム教では、二歳以下の子供に母乳を五回与えれば、授乳を通じた親族関係になるとみなされ、宗教上、結婚が禁止される関係になる。そのため、孤児を引き取ろうとする女性には、母乳を出そうと努力する人も多い。クウェート市の主婦モナさん（四七）は四一歳の頃、「もう一度子育てをしたい」と孤児院から男児を引き取った。ただ、家庭内でのトラブルは避けたい。医師の指導の下、副作用として母乳が出る薬を一か月間処方して

クウェート市で、「母親はエジプト人」とするDNA テストの結果を見ながら、「本当のお母さんに会いたい」とつぶやいたシャイハさん（倉茂由美子撮影）。

もらい、「母乳を絞り出して、なんとか五日間授乳したわ」と苦笑いする。

「みだらな血」を受け継ぐ子

女児を引き取った場合にも心配は絶えない。女児は成長すれば、イスラム教徒として、血のつながっていない養父の前では、髪や肌などを隠さなくてはいけなくなる。養父は、「他人」である養女と結婚して第二夫人にすることも可能だ。

シャイハさんは養母からの突然の告白に、「地獄に落ちるようなショックを受けた」。でも同時に、自分に対する養母の態度が、数年前から冷たくなっていた理由が分かった。シャイハさんの体つきが丸みを帯びてきた頃から、養母の態度がきつくなり、養父に近づかないように諭された。「養母は私に嫉妬し、夫が誘惑されるのではと警戒していたの」と養母の心情を説明した。

それから三年がたち、シャイハさんが一八歳になると、養母から「誰とでもいいから結婚して、家を出なさい」と言われた。シャイハさんは、追い出されるように、孤児院に身を寄せた。そこには、同じように、引き取られた先の家庭で居場所を失った子たちが、たくさんいた。

孤独な孤児がなくならないのは、孤児への偏見が増幅しているためだ。エジプトの社会問題研究機関のマヒラン・サイード研究員は、「昔は、孤児といえば戦争や病気で親を亡くした子がほとんどだった。しかし、現代ではイスラム教が禁じる婚前交渉や売春で妊娠し、その結果、捨てられた身元不明の子が多い」と分析する。そのため、「『汚くてみだらな血』を受け継ぐ子」として差別されやすくなったという。エジプトやアルジェリアでは、孤児の九割以上が、不法な男女関係から生まれたとされる。クウェートでは、人口の七割を占める外国人との間に生まれた孤児も多い。

シャイハさんも、おそらくその一人だ。肌は浅黒く、顔つきはエジプト人に似ていると言われてきた。昨年、欧州でDNA鑑定を行うと、「母親はエジプト人」との結果も出た。「きっと、家政婦としてエジプトから出稼ぎでクウェートに来て私を身ごもったのよ。子連れでエジプトに帰ったら、家族に殺されかねない。だから私を捨てたのね……」と想像を巡らせる。

空欄の名字、根強い偏見

孤児は成長しても、社会の冷たい視線にさらされやすい。名前が一つの理由だ。

中東地域では、一般的に名前は、「自分の名・父親の名・祖父の名・父方の姓」の順に構成される。例えば、サウジアラビアのムハンマド皇太子の正式な名前は「ムハンマド・ビン・サルマン・ビン・アブドルアジズ・アルサウード」で、「サウード家のアブドルアジズの息子のサルマンの息子のムハンマド」を意味する。だが、コーランの第三三章「部族同盟」は「養子というものはその本当の父親の名で呼んでやるがよい」としており、血縁関係にない養父の名前を使うことはできない。このため、孤児の名前は、ファーストネームだけだったり、孤児院や警察が便宜的に付けた「親の名前」が使われ、養父母やその実子と名字が異なったりすることが多く、孤児であることが他人にも知られやすい。

小学校の女性教員ダナさん（二六）は今でも、身分証明書を提示するたびに、名字が空欄のため、「お前は孤児か」という視線を浴びる。

東南アジア系の顔立ちの孤児、ヌールさん（一四）も、そんな逆境に耐えてきた一人だ。ヌールさんは赤ん坊の頃、モスク（イスラム教礼拝所）の前に置き去りにされた。孤児院で保護され、生後五か月の頃、子宝に恵まれなかった女性実業家のゼイナさん（五五）夫妻にひきとられた。

小学校の頃、学校でクラスメートに「名字がないヤツ」「捨て子」と毎日のようにからかわれ、泣いて帰った。「なぜ私には名字がないの？」「本当のお母さんはどこにいるの？」とゼイナさんを問い詰めたことも一度ではない。

時間はかかった。でも今は、周囲からの冷ややかな視線や陰口も、意に介さなくなった。ゼイナさんが、いつでも優しく抱きしめて、「愛している」と言ってくれたからだ。そんな「母親」の無償の愛をたっぷり与えてもらい、「心から幸せ」と思える。自分を捨てた母のことも、「きっと優しい人だったに違いない」と信じる。捨て場所にモスクを選んだのはきっと、我が子を大切に育ててくれる信仰深い人が確実に見つけてくれるように願ったのだ。今、クウェート屈指の高級住宅地で、裕福な生活を送れていることも、「恵まれている」と神に感謝している。

孤児であることをもう恥じる必要はない。友達や初対面の人に、孤児であることを自ら言うようになった。将来の夢も決めた。孤児や養子が抱える悩みや問題を解決するため、国連機関で働くことだ。「家族にとって大事なのは、血のつながりでも、名字でもない。どれだけお互いのことを思い合えるか。そうでしょ、ママ？」。ヌールさんは、ゼイナさんにぎゅっと抱きついた。

――血のつながりはどうであれ、母からの愛情は娘を幸せにする条件だ。時にその愛情は習慣や風習の壁にぶち当たる。初潮を機に降りかかる女としての試練。それは性欲を抑えるという名目で行われる強制手術にもあてはまる。

5　割礼　女性器切除で性欲抑制（エジプト）

「これであそこを切るんだよ」

エジプト中部の農村の薄暗い部屋で、ナダさん（仮名、五五）が「商売道具」のカミソリを取り出し、きらりと光らせた。

「これであそこをスッと切るんだよ。すぐに終わる」。

一五年以上、助産師として村の赤ん坊を取り上げるかたわら、少女たちの陰核（クリトリス）を切除する「割礼」を行ってきた。エジプトでは一九九七年に法律で禁止されたが、ナダさんは、「この村では、今も女はみんなやってるよ」と小声で打ち明けた。

割礼は、アフリカ大陸を起源に古代から行われてきたとされる。「女性の性欲は男性よりも強い」、「女性器が性欲をつかさどっている」と考えられ、それを切除することで性欲を抑え、男を誘惑するみだらな女にならないようにする効果があると信じられてきた。

七世紀に始まるイスラム教の預言者の言行録（ハディース）には、「割礼は女性にとって栄誉」、「多

エジプト中部で、カミソリを手に割礼の仕方を説明する助産師のナダさん（倉茂由美子撮影）。

少なら（女性器を）切り取っても良い」との言及がある。このため、一部には割礼は必要だと解釈するイスラム法学者もいる。国連児童基金（ユニセフ）によると、アラブ圏の割礼は、アフリカ大陸にある国々で多くなっている。[1] 一方でサウジアラビアなど湾岸地域では行われていない。

ナダさんは結婚後、割礼と助産の方法を義母に仕込まれ、仕事を受け継いだ。一〇歳くらいになって初潮を迎える年頃の女の子の家に呼ばれて行き、手術をする。母親や祖母ら女性親族はおめかしをし、女の子のベッドの周りでその「お祝いの儀式」を見守る。料金は一〇〇ポンド（約六〇〇〇円）ぐらいだ。

割礼は、国や地域によって方法が異なる。陰核の一部を切り取るだけの方法もあれば、大陰唇や小陰唇を切り取ったり、陰部の大部分を縫い付けて封鎖したりする方法もある。

ナダさんの地域で行われる割礼は、陰核の一部を切除するタイプで、一連の「儀式」はこう行われる。注射器で性器に麻酔をし、麻酔が効いてきたらカミソリやはさみで陰核の一部を切り取る。その後、切り取った部分をティッシュに包んで、ブラジャーなど下着の中にしまう。最初の夜は、局部を消毒した部分にガーゼをあて、二日目の夜は消毒液を混ぜた湯に下半身をつける。満月の夜になるまで、女の子は外出を許されず、肉や特定の野菜を部屋に持ち込むことも禁止される。そして、満月の夜になったら、下着の中にしまっておいた切除部分をナイル川に投げ込む。万が一、川に投げ込むのを忘れたりすると、「子供が産めない体になる」のだという。

「村一番の腕」と自負するナダさんは、ただ切るだけではない。「将来の夫が好むように、きれいな形に整えるのよ」と明かした。義母からは「大きく切り取りすぎると、出血が多くなって命が危ない」と教えられ、「女性器は小さい方が美しい」と言う。これまで死亡事故を起こしたことは一度もないという。なるべく小さく切り取りながら、形を「美しくする」のがナダさんの技だ。「割礼のおかげで、女たちが貞節を守れた。だからこの村の風紀が乱されずにきたんだよ」と胸を張る。

（1）　割礼を経験した女性（一五～四九歳）が多い国
UNICEFの統計によると、ソマリアが九八％、ギニアが九五％、ジブチが九四％、マリが八九％、エジプトとスーダンが八七％、シエラレオネが八六％、エリトリアが八三％、ブルキナファソとガンビアが七六％、モーリタニアが六七％、エチオピアが六五％、ギニアビサウが四五％、リベリアが四四％、チャドが三八％となっている。

出血や感染で死亡例も

違法な割礼が続くのは、ナダさんの村だけではない。二〇〇〇年のエジプト政府の統計では、女性の九七％が割礼を受けていたことが判明したという。割礼により、出血多量や感染症で女児が死亡するケースが相次ぎ、〇七年に一二歳の女の子の死亡が大々的に報道されると、国内外で「女性に対する暴力だ」として批判が高まった。〇八年には、改めて法律で全面的に禁止され、厳罰化されたことで減少傾向となったが、一五年の調査でも、女性の八七％が割礼を受けているとの結果が出た。

人権団体は、根強い習慣の廃絶を訴え、反対運動を展開する。エジプトの女性団体代表のホダ・バドランさん（七八）は、「割礼で女性の性欲がコントロールされるというのは迷信。科学的にも誤っているということが証明されている」と強調した。割礼がいまだに盛んな地方では、貧困を背景に女性の就学率の低さが目立つ。ホダさんは、「割礼をなくすには、女性への教育を広げ、誤解からの『目覚め』が不可欠だ」と提案する。

宗教界も、「反対」を明確に表明し始めた。二〇〇七年、エジプトの宗教指導者は宗教令で、「女子割礼は、女性の心身に大きなダメージを与える。ハラーム（禁忌）だ」とした。

割礼が「悪」とみなされ、当局の摘発の対象になるという意識は、ナダさんの村にも広がり始めた。子供に割礼を受けさせた親も刑罰の対象となるため、父親が摘発を恐れて「娘に割礼は必要ない」とする家も出始めた。

ナダさんへの依頼も、法改正前は月に五～六件あったが、今は一～二件に減った。狭い村で、ナダさんが家に出入りしたのを目撃されれば、割礼を行ったことがばれて通報されてしまうためだ。ナダさんも割礼のやり方を変えざるを得ない。これまで、割礼は昼間に行っていたが、人目を避けるため、夜間にこっそり行うようになった。事故を防ぐため、手術の仕方もより慎重になった。ナダさんは以前、割礼の前に「鎮静作用」があるとして濃い紅茶を一杯飲ませていたが、近年は薬局でも入手可能になった麻酔を使うようになった。体の負担がなるべく少なくて済むよう、性器の成長を見てから、「まだ小さい。もうちょっと大きくなってからにしましょう」と、延期を勧めることもあるという。

それでも、ナダさんは割礼をやめない。「『割礼は必要だ』とかたくなに話すのは、むしろ女性の方だ」とナダさんは言う。父親には内緒で、娘の割礼を依頼してくる母親もいる。子育ての直接の責任は、父親よりも母親が負うとされることに加え、自分も経験した割礼が、意味のないものだとは受け入れられない女性が多いからだ。実際に割礼を求める家庭の多くは、病院に行って医師に切除してもらうようになった。料金は五〇〇ポンド（約三〇〇〇円）を超すが、病院ならば病気のふりをして出入りできるし、衛生環境も良く、事故のリスクは少ない。

ナダさんは夫から、「警察につかまったら面倒だ」と仕事を続けることに反対されている。だから、夫には内緒で施術を行っている。はさみやカミソリといった道具はタンスの奥に隠しておき、仕事の依頼が入ると、「娘の家に行く」と言って出かけている。ナダさんは「イスラム教徒として、預言者の時代に忠実に生きたい。私は、村の人々のために正しいことをしている」と訴えた。村には、割礼を体験した「貞淑な女性」を嫁に求める風習も残る。

違法化されてもなくならない割礼。小さい時に割礼を体験した女性たちは、その後、どんな人生を送っているのだろうか。

夫と不仲、「快楽ない」

「小さい子供に血を流させて、一生の苦しみを背負わせるなんておかしい」。エジプト中部に住む女性記者ナグラさん（三四）は声を荒げた。一〇歳の時、男性看護師から割礼の施術を受けた。知らない男の前で下着を脱いで足を開き、今まで味わったことのない激痛に襲われ、泣きわめいた。それなのに、母や祖母が隣で喜び合っていたことが、幼心に全く理解できず、傷ついた。終わってから、性器の一部が切り取られたと聞き、それ以来、自分でも性器に触れるのがトラウマとなった。

割礼を行っているナダさんの娘、マハさん（仮名、二四）も、「自分の娘には、自分と同じつらい思いはさせたくない」と考える一人だ。マハさんは子供の頃、割礼でたくさん出血をした。その時から、「体の一部を喪失した」という精神的なショックを抱え続けている。気分がなんとなく落ち込み、あまり笑わない子になった。切除された部分は、今でも時々鈍い痛みを感じることもある。

その感覚は、夫婦関係にも影を落とす。七年前に結婚し、一女をもうけたが、「夫に触れたいと思ったことも、触れられたいと思ったことも一度もない。性交渉で快楽を感じたこともない」と打ち明け、「割礼で性器を切り取られたせいよ」と涙を浮かべた。

夫は、マハさんの冷めた態度が面白くない。「お前を抱いても、つまらない」「俺じゃ満足できないのか。他の男と経験があるんだろう」などと言われ、溝は深まっていった。夫婦の会話はなくなり、夫は第二夫人を選び始めているという。

マハさんは、「こんな悪い習慣はなくなればいい」と吐き捨てた。だが、一歳になる長女にも、いつかは割礼を受けさせることになるかもしれないと覚悟している。「まだ、この村では割礼をしていない女が結婚相手を見つけるのは難しい」。あどけない笑顔のまな娘を抱きしめながら、こうつぶやいた。

6 思春期　男女別々、意識する異性（パレスチナ・ガザ）

「女の子だけでずっと過ごしてきた」

少女は成長し、やがて思春期を迎える。女学生はイスラム圏に特有な環境の中で青春時代を過ごす。「休み時間はK－POPのアイドルの動画を一緒に見たわ。スマートフォンで自撮りした写真を送り合ったこともある。ものすごく盛り上がるのよ」。

パレスチナ自治区ガザの名門校イスラム大学に進学したばかりのリナ・サディーアさん（一八）は、つい最近終わったばかりの高校生活を振り返った。

「スマホの最新アプリを使えば、自分の顔をクマやネコの顔にできるからもっと盛り上がるの」と

パレスチナ自治区ガザで、友人と談笑するイスラム大学の女学生リナさん（中央）（金子靖志撮影）。

続けると、隣にいた二人の女子学生も大きくうなずいて笑顔を見せた。

そこに男子生徒がいないことに水を向けると、「女の子だけでずっと過ごしてきたから、それが当然だし、そこに男子がいるなんて想像もできない」ときっぱりと答えた。

ガザでは、大半の学校が男女別々だ。日本の共学で目にする男女が教室で机を並べたり、一緒に運動会で盛り上がったりすることはない。バレンタインデーにチョコレートを渡したりする世界とは無縁だ。ガザは二〇〇七年以降、イスラム主義組織ハマスに支配されており、教育の現場でもイスラム教の教えが厳格に適用されており、男女が不用意に接することはあり得ない。リナさんは、「男子がいたらお互い気が散って勉強に打ち込めない。女の子同士だと喧嘩もあるけど、その分、友情は固いし、嫌なことがあっても慰め合うことができる。男女別々の環境が自然だと思う」と語った。

実際、男女別々の学校では、女子の方が男子よりも真面目に勉強する傾向が強い。二〇一四年にヨルダンで行われた調査によると、教職に失望する割合は、男子を教える男性教員の方が、女子を教える女性教員よりも三倍多かった。男子校では、遊びや暴力に走る男子生徒が目立つからだという。こうした現状を改善するため、オマーンではこの年、男性教員のやる気を促すシンポジウムが政府主催で開かれた。

リナさんが通う大学は共学だが、男女を分けるために同じ敷地に女性専用の校舎があり、入り口も別だ。リナさんは、大学入学後も同年代の異性とプライベートの話をしたことがない。「大学に入っても、男性と交わる機会もないわ」と話した。

ガザが特別なわけではない。多くのイスラム諸国は、小学校から高校まで男女を別々にしている。女子校の校長や教師は女性で、男子校の校長や教師は男性という徹底ぶりだ。学校だけでなく、モスク（イスラム教の礼拝所）や結婚式場もそうだ。中には公共交通機関の利用を男女別々にしている国もある。イスラム教の教えには、男女それぞれが惹かれ合う存在で、特に男性は女性の誘惑に弱いという考えがあるからだ。風紀や社会秩序が乱れるのを防ぐため、男女が接する機会を極力制限している。

恋愛はタブー、結婚は見合いで

しかし、リナさんは思春期の中にいる。少しずつ異性に興味を持ち始める年頃だ。結婚願望も芽生え始めている。だから、適齢期が来たら、見合いをすると決めている。恋愛結婚は考えていない。「ここでは恋愛は許されないし、幸せにはなれない。私には興味がない」とその理由を語った。

ガザでは、結婚のほとんどが恋愛ではなく、見合いだ。男性側から見合いの申し込みがあると、女性の父親らが見合い相手の男性の友人や勤務先の評判を徹底的に調査し、家柄、性格、学歴、年収を把握する。両親の〝お眼鏡〟にかなえば、見合いが実現する。実際に会ってみて、男性の印象が悪ければ、女性側から断ることができる。印象がよければ、婚姻の運びとなり、男女は結婚式後の初夜に初めて結ばれる。

リナさんは「恋愛をしたことがないから分からないけど、自分だけでは相手を判断できない。見合いなら、両親を通じて周囲の情報や評判が分かる。その情報の方が信頼できるし、両親も太鼓判を押してくれれば安心できる。イスラム社会の結婚は合理的だし、こうした結婚こそ幸せになれると思う」と話した。

恋愛をして性的な関係を持つのはご法度だ。イスラム教の教えでは、婚姻関係にある男女以外の性行為は「姦通《かんつう》」とみなされ、コーランの第二四章「光り」の二節は「姦通を犯した場合は男の方も女の方も各々一〇〇回むち打ちを科す」と記す。このため、婚前交渉が発覚すると、家族の恥とされる。リナさんの隣にいた友人は小声で「恋愛はここでは危険な行為なの」と声を細めた。

恋愛にあこがれる女子大生

イスラム大学近くに別の名門校アズハル大学がある。この大学はガザでは珍しく、同じ教室で男女が一緒に学んでいる。ハマスに比べて世俗的な政治組織ファタハが大学を運営しているためだ。二年生で経営学を学ぶ女子学生（二〇）は「恋愛結婚がうらやましい」と打ち明けた。理由は見合い結婚で幸せそうな夫婦を見たことがないからだという。

「両親も親戚もみな、見合いで結婚した。だけど、どうしても幸せそうには見えない。特に母親はいつも父親の言いなりで、陰では愚痴ばかり言っている。きっと好きでもないけど、結婚させられたんだと思う。母親のような結婚生活は送りたくない」。

この女子学生は高校生の頃から米国や韓国の恋愛ドラマが好きで、「私もドラマの女優みたいに中学生や高校生で初恋をして、恋愛してみたかった」と話す。ガザでは恋愛がタブー視されているが、スマートフォンで海外ドラマを見て、俳優との恋愛を想像して楽しんでいる女子も少なくないという。

アズハル大学では世俗的な学生が多いことからフェイスブック上で知り合った後、ＳＮＳ上で恋愛関係を楽しんでいる人がいるという。この女子学生もフェイスブックで知り合った男性と、ＳＮＳ上で恋人になった。「ドラマをきっかけに恋愛にあこがれた。やっぱり好きな男性とのやりとりは全て新鮮に思えて、一日に何十通もメッセージをやりとりした」と話した。

しかし、男性と知り合って数週間後、「こっそり会おう」と連絡があって、まずいと思ったという。男性は「隠れて会えば問題ない」と迫ったが、「もし見つかれば、両親は大学の学費を出すことをやめて、勘当されてしまう。全て失ってしまう」と思って連絡を断ったという。

女子学生は「実際に会って恋愛をしたくても踏み出すことはできない。そのリスクをとることは、やっぱりここではできない」と話した。

第二章　若者、おしゃれ

1　ブルキニ　真夏の水着論争（エジプト）

「お尻の線が出ない」

地中海に面したエジプト北部アレクサンドリアのビーチ。ライトブルーの水辺で、若い女性が黄色い声を上げてはしゃいでいた。女性たちが身に着けていたのは、顔以外のほぼ全身を覆う水着「ブルキニ」だ。カイロから来た会計士のアスマさん（二八）は、はやりの蛍光色を使ったブルキニを見せながら、「お尻の線が出ないので、男の視線を浴びることもなく安心」と言って海に飛び込んだ。

イスラム教では、女性は肌を露出すべきでないとされる。このため、海水浴と言えばこれまで、普通の服を着て足だけ水につかるのが一般的だった。

ところが、オーストラリアに住むレバノン出身の女性が二〇〇四年、全身を覆うイスラム教の衣服ブルカと水着のビキニをかけ合わせたブルキニを発売すると、浜辺の風景が変わった。

アスマさんは子供の頃、手足をさらした一般的な水着で泳いでいた。泳ぐのは大好きだったが、一二歳で初潮を迎えて「大人」になると、水着を着るのをやめた。「体を露出するのはハラーム（禁忌）」だからだ。

それからはアスマさんも他の女性たちと同様、長袖のTシャツを着て、ズボンをはき、波打ち際で遊ぶだけだった。それでも、服は水を吸って重くなり、体にピタッとくっつく。確かに肌は隠せているが、体のラインがくっきりし、ブラジャーやパンツの線まで透けて見えてしまう。「かえっていやらしい」と羞恥心に駆られた。

エジプト北部アレクサンドリアの海岸で、お気に入りのブルキニを着て、友達とはしゃぐアスマさん（右）（倉茂由美子撮影）。

浜辺に上がっている時間も、ぬれた服を着ていると体が冷えて、風邪を引いたこともあった。帰るのも大変だ。浜辺に設置されたトイレの中で帰宅用の服に着替える時、濡れて体にくっついた服を全て脱ぐのは一苦労だ。せっかく楽しく遊んでも、こうした煩わしさで疲れてしまうことも多かった。

だから、ブルキニが発売されると、飛びついた。それを着て、泳げるようになっただけではない。腰回りにスカートが付いていて、お尻のラインを隠してくれる。水着と同じ素材で、水から出ればすぐにからっと乾く。帰る時も、ブルキニの上からシャツやワンピースを着れば、そのまま帰れるのだ。服を濡らして遊んでいた時のストレスを全て解決してくれた。アレクサンドリアの海岸通りには、ファッション感覚で、ブルキニを着たまま歩いたり、店に立ち寄ったりする若者も多い。

カイロから遊びに来ていた主婦マルワさん（三〇）は、親友（三〇）と一緒に、気取った様子で海辺を歩いていた。蛍光ピンクが入ったブルキニでそろえ、口紅もサングラスも鮮やかなピンクだ。二人とも、この日がブルキニ・デビューの日。スポーツショップに一緒に行って、売れ筋のブルキニを買ったのだという。「蛍光ピンクは今年一番の人気色なのよ。仲良しの私たちにぴったりのコーディネートでしょ」と言ってポーズを決めた。

四〇歳で「初めて泳ぐ楽しさ知った」

若い世代だけではない。中年女性たちにも、ブルキニを着始める人は多い。カイロの主婦、ホーレイヤさん（四三）は三年前、ブルキニを着て初めて海に入ったという。「浮輪は手放せないが、この年になって初めて泳ぐ楽しさを知った」と笑った。

エジプト中部で生まれ育ったため、海は遠く、遊べる水辺は近くを流れるナイル川の支流ぐらいだった。しかし、保守的な地域のため、女の子が川で遊ぶのは禁じられていた。「いつか海で泳いでみたいな」。子供の頃からあこがれていた。

結婚してカイロに移り住み、二人の子供を出産した。夏休みには、車で約三時間かけて、家族でアレクサンドリアの海水浴場に出かけるのが恒例になった。だが、泳げないホーレイヤさんはいつも荷物番をしながら、夫や子供たちが泳いでいるのを見守るだけ。子供たちがはしゃぐ姿や成長に目を細めながらも、「私も、泳げたら……」とうらやましがった。

そんな時、ブルキニがエジプトでも発売された。「私が、ずっと欲しかったものだ」と喜んだが、若くないので新しい物に飛びつく勇気もない。それから数年の歳月が流れ、同年代の女性たちがブルキニを着用し始めたのを見て、「私もブルキニを着て泳ぎたい」と夫（四三）に聞いた。夫も「ブルキニなら安全だ。いいだろう」と賛成してくれた。

浮輪を腰にはめ、夫につかまりながら、恐る恐る海に入っていった。「キャー」。初めて体が浮いた時、怖さとうれしさが入り混じった声が出た。今まで味わったことのない感覚だった。

初めて海水浴を楽しんでから四年目の今年は、浮輪なしで泳ぐため、娘たちに泳ぎ方を教えてもらっている。泳ぎを練習している四〇歳代の姿は、見渡す限り誰もいないが、ホーレイヤさんは、「ブルキニが、私の夏の楽しみ方を変えてくれた」と子供のような笑顔だ。

ビキニはプライベートビーチ限定

こうしたブルキニ女性があふれるのは、主に一般市民が遊泳できる公共の海水浴場だ。リゾート地のホテルや別荘地のプライベートビーチでは、肌を大胆に露出したビキニ姿の女性たちが出現する。

見ず知らずの男性が来ない私的空間という理由で容認されており、ブルキニ女性を「おしゃれではない」と見下す「反ブルキニ派」が少なくない。

　カイロの女子大生ラドワさん（一八）はその一人だ。以前、友人と北部のリゾート地に出かけた時、ブルキニを着ていたのはラドワさんだけで、他の友達はビキニを持ってきていた。「私だけダサくて、年取って見えた。恥ずかしい思いをした」と振り返る。以後、水着は自由という外国人が多いプライベートビーチに出掛け、ビキニを着て泳ぐ。水や風を直接肌で感じることができ、爽快だという。

　ただ注意も必要だ。ビキニで泳いだことが保守的な両親にばれないようにするため、泳ぐ際には日焼け止めを塗り、ビキニの跡が残らないようにする。自宅では、ビキニを小さく丸めて化粧ポーチに隠し、さらにクローゼットの奥にしまっている。いつか見つかってしまうのではないかとひやひやしながらも、「若いんだもの。海ではおしゃれに楽しみたい」と声を弾ませた。

　「反ブルキニ派」が集まる場所では、ブルキニの着用を禁止したり、着用の区域を制限したりする動きも出ている。「景観を損ねる」「他の客に違和感を与える」といったことが理由に挙げられる。非日常的な空間やぜいたくな気分を味わいたい海外からの旅行客や国内の世俗的な富裕層にとって、宗教色の強いブルキニの姿は不快に映るようだ。

　ブルキニで再び海水浴を楽しめるようになったアスマさんも、紅海に面したリゾート地、エジプト中部ハルガダのホテルに宿泊した際、メインプールに入ろうとしたところ、「ブルキニ着用者は、ここには入れません」とスタッフに止められたという。理由を聞いても、「これは決まりです」としか言われず、隅にあった小さいプールに案内された。そこにはブルキニを着た女性たちだけがいた。「私も同じ料金を払って宿泊している。エジプトはイスラム教徒の国なのに、どうしてこの水着が差別されないといけないの」と腹の虫が治まらない。

最近では、ブルキニ派は保守的な庶民層、ビキニ派は世俗的な富裕層と大別されるようになり、水着を巡る争いは階級闘争の様相を呈している。SNSでもここ数年、夏が近付くたびに論争が巻き起こる。「ブルキニはダサい」というビキニ派に対し、ブルキニ派の女性たちは「イスラム教徒の女性も水を楽しむ権利がある!」と反論している。

——そして、おしゃれを巡る争いは、ヘジャブ（頭髪を隠すスカーフ）でも起こっている。

2　ヘジャブはファッションか（エジプト、ヨルダン）

お気に入りはドバイスタイル

カイロ郊外に住むヤラさん（一五）は、ヘジャブ（頭髪を覆うスカーフ）のおしゃれな巻き方を練習している。雑誌やインターネットの動画サイトを見ては、様々な国のヘジャブの流行スタイルを研究している。周囲を見ると、多くの女性が色とりどりのヘジャブを服とコーディネートしながら着用していて、ライバルは多い。

今、ヤラさんのお気に入りは「ドバイスタイル」。黒い布をゆるめに巻くスタイルで、前の方の髪

カイロ郊外で、お気に入りの「ドバイスタイル」のヘジャブ姿で、自撮りをするヤラさん（倉茂由美子撮影）。

の生え際を少しのぞかせるのがポイントだ。「今年は何色のヘジャブがはやる？」と友達から意見を求められれば、「去年はやったスモークピンクはもう終わり。今年はからし色が来るわ」とアドバイスも惜しまない。

「最近、『ヘジャブを巻く前よりきれいになったね』とよく言われるの。きっと心の迷いがなくなったからだわ」とうれしそうに笑った。

元々はヘジャブを巻いていなかった。五年前、初潮を迎えても、腰まであるつややかな黒髪をなびかせて歩いていた。街を歩けば、周囲の視線を集めてしまうような地元のファッションリーダー的な存在だった。同世代の女の子たちから、「うらやましい」「おしゃれ」と注目を浴びるのが気持ちよかった。「ヘジャブなんて、かわいくない」と言い張り、両親も「ヘジャブをかぶるかどうかは、自分で決めればいい」と干渉しなかった。ＳＮＳには自慢の黒髪を露出した写真をアップした。

だが、次第に「私、本当にこのままでいいのかな」と迷いが膨らんできた。「君に触りたい」「自転車（性行為の隠語）」――。道で若い男とすれ違うたびに、「下品な言葉を投げかけるようになった」

ためだ。どうやら、男たちはヘジャブをしない女性を尻軽とみて、イスラム教の教えに厳格ではない女性とは婚外交渉もＯＫと考えているようだ。男たちからの不快感や恐怖心が積もり積もって、次第に黒髪をなびかせることを楽しめなくなった。「婚期が近付けば、ヘジャブをつけていると、男性やその家族に気に入られるかもしれない」とも考えるようになった。

ラマダン（断食月）を前に、初めて真剣に聖典コーランを読み、「ヘジャブは、イスラム教徒の義務だ」と納得した。ＳＮＳに、「今日からヘジャブをかぶります！」と決意表明を投稿し、髪を露出した写真を全て削除した。フォロワーの友人らからは「いいね！」のコメントがどんどん集まった。

男の目を避けるため着用

ヨルダンの首都アンマンに住むアラビア語女性講師のアブド・イスラさん（三二）もそんな一人だ。宗教に寛容な家庭に生まれ、ヘジャブを身に着けていなかった。しかし、二六歳の時にかぶることにした。ヘジャブをしていない年頃の女性は、「尻軽女とみられ、私を弄ぶために言い寄ってくる男がたくさんいた」からだ。男の自宅に連れ込まれそうになったこともあったという。だから、「ヘジャブをかぶってしまえば男は寄りつかないと思ったの」と明かした。

実際にヘジャブを身に着けてから、言い寄ってくる男はいなくなった。男の視線を気にせずに街を歩けるようになった。今は様々な色や柄のヘジャブをつけておしゃれを楽しんでいる。

もっとも、ヘジャブの着用は政治情勢や地域にも左右される。

エジプトでは一九五〇~六〇年代、世俗的だったナセル政権の影響で、ヘジャブをかぶらない人が多かった。しかし、七〇年代のサダト政権時代には、イスラム主義組織・ムスリム同胞団が力を持ち始めたり、サウジアラビアに出稼ぎに行ったエジプト人が厳格な教義に染まったりしたことで、ヘジャブをかぶる女性が増えた。二〇一一年の民衆蜂起「アラブの春」の前には女子中学生の九割がヘジャブをかぶっていたが、一四年に世俗色の強いシシ政権になってから、その割合は五割まで減ったとの調査結果もある。

トルコでも、信仰心の強いエルドアン大統領の統治下で、スカーフを身に着ける女性の割合が増えた。イラクでは二〇〇五~一八年、イスラム教シーア派のダアワ党が政権を握った際、スカーフをかぶる女性は九割に上ると言われた。特に官公庁で働く女性は、上司からスカーフの着用を命じられ、従わないと解雇される恐れがあった。この時代は、テレビの女性キャスターもスカーフを身に着けていたという。

ただ、中東全体では、体を覆う伝統的な衣服の着用は減少傾向にあるようだ。イランは一九七九年の革命以降、統治原理をイスラム教とする政教一致体制を採用しているが、チャドル（頭から足元まで全身を覆う服）を着ているイラン人女性の数は二〇一五年、革命前の一九七五年と比べると大きく減少した。アラブ諸国でも、ヘジャブを着用する女性は総じて減少しつつある。

脱いだら周囲の態度一変

アンマン北部にある名門校ヨルダン大学に通う女子大生ヘバ・アルバーズさん（二二）は二年前、頭髪を隠すヘジャブを脱いだ。なぜイスラム教徒の女性が髪を隠さなくてはいけないのか——。「ずっとこの答えを探していたけど、結局見つからなかった。だから脱ぐことを決めたの」。

ヘバさんがヘジャブを身に着けたのは一一歳の時だった。周囲から「おめでとう」と声をかけられたが、「鏡で今までと違う自分を見てすごく違和感があった。すぐに外したかった」と振り返る。イスラム教は女性に「美しい部分は人に見せぬよう」と教えており、一般的に髪は「美しい部分」にあたり、「女性の髪は男性を誘惑する」と解釈されているが、ヘバさんは次第にその解釈に疑問を抱くようになった。二〇歳の冬、母親に「私は明日からヘジャブをしない」と告げた。母親からは「本当にヘジャブを脱いだら私は悲しむわ」と言われたが、意志は固かった。

２年前にヘジャブを脱いだヨルダン大学の学生ヘバさん（中央）（金子靖志撮影）。

翌朝、いつも身につけていたヘジャブを部屋に置き、鏡の前に立った。「これが私の本当の姿。大丈夫」と自分に言い聞かせた。大学の前に立って深呼吸し、構内に入ると友人の姿が目に入った。ヘジャブを脱いだヘバさんを見た友人は「ハラーム（禁忌）」と声を上げて小走りで立ち去った。別の友人に話しかけようとしたが、無視された。多くの友人を失い、「ヘジャブを取ったことでこんなにも周囲の態度が変わるなんて……」と当時はショックを受けたという。

今も無視されたり、家族や親族からヘジャブを着けるように言われたりしてつらい気持ちになる。だが、「ヘジャブを脱いだことで離れていった友人は友人じゃない。ヘジャブを脱いだことで新しい友人もできた。ありのままの自分でいられることが幸せだ」と感じている。

――女性が悩むのは、頭部を覆うヘジャブだけではない。イスラム教の発祥地では、アバヤ（全身を覆う服）の扱いが女性の関心の的になる。

3 アバヤ流行 黒かカラーか（サウジアラビア）

「自分を隠すためでなく、表現するために」

サウジアラビア西部ジッダの婦人服店。鮮やかなパステルカラーやアニマル柄の服がずらりと並ぶ。この国で女性が着用するガウンのような衣装アバヤだ。この服はこれまでは、黒色が主流だった。しかし、最近、こうした新しいデザインが増えている。この店では、一着五〇〇ドル（約五万五〇〇〇円）近くする高価なアバヤも多いが、ラマダン（断食月）目前の二〇一九年四月、こうした高級品が飛ぶように売れていた。

「アバヤは自分を隠すためのものじゃない。表現するものよ」。デザイナーのロタナさん（三六）は、最新の自信作を手にこう語った。今年のコレクションのテーマは「遺産」。最近、サウジ国内で注目されている北西部の遺跡ウラなどを見て発想を得たという。茶色や深緑などの「アースカラー」に伝統的な部族の布で装飾を施している。生地にはしなやかな麻を使った。数年前には日本に旅行し、着物の生地を取り入れてアバヤをデザインしたこともある。

宗教に厳格なサウジでは、女性は体や顔を隠して男性からの視線を避けるべきとされる。コーラン第三三章「部族同盟」の五九節で「これ、預言者、お前の妻たちにも、娘たちにも、また一般信徒の女たちにも、（人前に出る時は）必ず長衣で（頭から足まで）すっぽり体を包みこんで行くよう申しつけよ」と記述されることが理由だ。風紀を取り締まる「勧善懲悪委員会」（通称・宗教警察）が長年、女性のアバヤの着用に厳しく目を光らせてきた。コーランには色に関する規定はないが、慎み深い色として原則黒が着られてきた。

二〇〇六年、ロタナさんは、サウジで初めて黒以外のアバヤを作った。米国で生まれ、四歳の時にサウジに移ったが、家族で海外旅行に行く機会が多く、サウジを「外」から見てきた。「なぜサウジでは、女性は黒だけしか着られないのだろう」。子供の頃から、いつもそう疑問に感じながらも、自身も大人になると黒を着用してきた。「だってそれしか売ってなかったんだもの」と笑う。

建築会社を営んでいた父親の影響を受け、インテリアデザイナーの職についた。自分が好きなアートの仕事で、女性の感覚を生かせると思ったからだ。「どんなデザインに人の心は安らぐのか」「心がときめいて、毎日が楽しくなるようなものを」。そんなことを考えて仕事をする毎日は充実していた。

同時に、ある問題に気が付いた。毎日自分が着る服には、「全く心がときめいていない」のだ。クローゼットに並んでいるのは黒のアバヤばかり。違いは、せいぜい生地の質感や、目立たない色で施されている刺しゅうや、光を反射させる素材のスパンコールくらいだ。サウジの女性は、同性だけの空間にならない限り、アバヤを着続ける。そのため、女性にとってアバヤは、他人に見られる「自己表現」のほぼ全てだった。なのに、着たいものがない。「自分らしい色を着たいのに……」と悩んだ。「ならば自分で作ろう」。インテリアデザインの仕事に区切りを付け、カラフルなアバヤを売り出すことにした。最初に作ったのはエレガントな紫。それからピンクや緑、青など「あらゆる色を作っていった」。

当初、世間の反応は冷ややかで、女性客が来店しても大半は見るだけだった。でも、興味を持っている女性たちがいることは実感できた。試着した女性客は必ず「これ素敵！」と目を輝かせていた。だが、「これを実際に着て外を歩けないわ」と名残惜しそうに脱いで店を出て行った。

それでも、購入する人が少しずつ増えていった。最初は紺やグレーといった黒に近い色。その次は深緑や青で、徐々に明るい色が売れるようになり、今は鮮やかな黄色やピンク、柄物も珍しくなくなった。ロタナさんは、ただ色を変えただけではない。サウジの生活様式や気候に合った機能性を重視しつつ、国内外で見てきたアートやファッションの感性を取り入れた。

ロタナさんと同じように、新しいタイプのアバヤをデザインする女性たちも増えていった。当初、

「低俗な女」と中傷されたこともあったロタナさんだが、今では「アバヤの歴史を変えた」とも称えられる。

女性に自由、社会進出促す

こうしたアバヤの流行を後押ししているのが、サウジの実力者、ムハンマド皇太子の政策だ。これまで制約が多かった女性の権利を拡大させている。サウジは世界有数の原油生産国だが、将来的に原油価格の上昇は見込めないとみて、石油に頼らない国造りを進める。そのため、女性に自由を認め、社会進出を促す狙いがあり(2)、その流れがアバヤにも及んでいる。

ムハンマド皇太子は二〇一八年三月、米CBSテレビとのインタビューで、「黒いアバヤや黒いスカーフの着用が法的に決められているわけではない。慎ましく尊重される服装を選ぶのは女性自身だ」と話した。次世代を担う皇太子が黒以外のアバヤの着用を容認した発言は、サウジ人女性の間で大きな話題になった。

---

(2)　サウジ政府による女性の権利拡大の動き
二〇一八年一月、サッカー場での観戦を許可。四月、映画館が開館し、男女同席が可能に。五月、セクハラに刑罰。最高で禁錮五年、罰金三〇万サウジ・リヤル(約九〇〇万円)。六月、自動車の運転解禁。二〇一九年八月、海外旅行やパスポートの取得に、男性後見人の許可が不要に。

だが、新しいアバヤのトレンドへの賛否は分かれる。

ジッダに住む女性会社経営者オホウドさん（三六）は多色アバヤの賛成派だ。「きれいな色のアバヤは気分も明るくなって活動的になる。選択肢が増え、着たい物を着られるのはうれしい」と歓迎する。

サウジの真夏は気温が五〇度近くに上がるため、熱を吸収しやすい黒色を避けて、熱を反射する白っぽい色を選ぶ女性も多い。実際、白地のアバヤを着て街を歩くと、「そのアバヤ、どこで買ったの？」「デザイナーの名前は何？」とすれ違う女性たちに呼び止められることがある。店の名前を伝えると、その場で店のインスタグラムなどを検索し、「今から行ってみるわ！」「ここのアバヤ、どれもすてきね！」とうれしそうだ。それだけ、アバヤが今、ファッションとして熱いのだ。

伝統色に根強い支持

こうした風潮に異議を唱える反対派も存在する。二〇一五年には、首都リヤドのショッピングモールを巡視していた宗教警察のメンバーが、カラフルなアバヤを売っていた店を見つけ、商品を破った「事件」も起きた。最近は、宗教警察による公然とした摘発は行われなくなったが、それでも「黒以外は許されない」との考えは根強い。

西部タイフの男性会計士ラドワンさん（四四）は、カラフルなアバヤが人気になりつつある現状に、「言語道断だ」と憤った。自身の二人の妻と、妹たちには黒以外の着用は許さないといい、「サウジ女性ならアバヤは黒と決まっているんだ。欧米の異教徒や不信心者の文化になじむべきではない」と強調した。

黒にこだわるのは、男性だけではない。ジッダの大学病院に勤務するゼイナブさん（三六）は、「自己防衛策」として、黒アバヤにニカブ（目以外の顔を覆い隠す布）を着用して、外出している。実家を離れ、サウジ女性には珍しく、アパートで独り暮らしをしているため、派手な格好をしていると悪い男に後をつけられかねない。「隙を見せてはいけない。黒色の最も保守的な格好が一番安全なの」と話す。

サウジアラビア東部でニカブを身に着けた女性（倉茂由美子撮影）。

一方で、「黒こそがおしゃれ」と好む女性も多い。リヤドの会社員ハディージャさん（三九）は、「黒とのコントラストで肌が白く見えるし、女性を最もエレガントに見せる色」と気に入っている。黒ばかり着続けても、「外出時のユニフォーム」と考えれば飽きることはない。毎朝出勤前、何色を着ようか悩まなくていいし、「最も重要な顔の化粧にたっぷり時間も割くこともできる。「黒のアバヤが伝統になっているのは、多くの女性の生活に便利だからよ」と解説してくれた。

アバヤの丈は通常、地面に付くくらいの長さだが、大学生のアルジョハラさん（二四）は、くるぶし丈の短い黒アバヤを愛用している。色は黒でも、こうした短いアバヤも新しいタイプだ。大のスニーカー好きで、ファッションの「主役」としてスニーカーに注目を集めたいからだ。「黒は私にとって、一番クールな色よ」と話した。

毎日黒ばかり、「醜い女になる」

賛成派と反対派の議論に終わりは見えないが、現実には様々な事情で、カラフルなアバヤを着たくても、黒を着ざるを得ない女性も少なくない。

「こんなの囚人服も同然よ」。黒のアバヤに顔を隠す布ニカブをまとった女子高生のカリーマさん（一七）は、不満げに話した。一二歳のころから、家族に言われてアバヤとニカブを着用しているが、本音を言うと、「イスラム過激派の戦闘員みたいで嫌い」なのだという。周囲のアバヤファッションが変わる中、自分もニカブを外して、カラフルでかわいいデザインのアバヤを着たくなってきた。

だが、買い物に行っても、母親や祖母からは「黒以外は許しません」ときつく言われてしまう。伝統的なアバヤ店に連れて行かれ、「好きな物を選びなさい」と言われても、「どれも同じ」と触手が伸びないのだという。

「なんで一七歳の私が、お母さんやおばあちゃんと同じ服を着なくちゃいけないの。その意味が分からない」と不満が収まらない。

リヤドに住む女性教師のナイラさん（五五）も、「もう四〇年以上、黒のアバヤばかり。いい加減に飽きたわ」と嘆く。最近は色物のアバヤにも心をひかれ、「慎み深い服装をしながらも、服を楽しむことはできる時代なのだ」と気づいたという。だが、夫は、「男の目を引きつけるような服装は駄目だ」と着用を許してくれない。ナイラさんは、すっかり肥満体型になってしまった自分を自嘲するように、「『今日は何を着ようかな』と服に気を使うとことは、自分磨きにつながるはず。毎日毎日黒のアバヤばかり着て体を隠していたら、無頓着で醜い女になるのも当然よね」と言い放った。夫への当てつけに聞こえた。

――カラフルなアバヤを巡る論争が絶えないサウジだが、地域大国の座を巡ってサウジと争うイランはどういう状況なのだろうか。

4　デザイナー　保守的でも華麗に（イラン）

「ぎりぎりのおしゃれ」提供

小気味よいBGMが流れる白壁の店内で、ライトブルーやオレンジ色のマントやコートが、白木の枝にかかっている。この小粋なブティック「アザデーヤサマン」があるのは、ニューヨークでも、パリでもない、イランの首都テヘランだ。

自らの名字を店名にしたオーナーでデザイナーのナビザデさん（三九）は、「いつか海外に進出したいわ」と目を輝かせた。ナビザデさんの作品は、ロンドンの展示会で話題を集めたことがある。遊牧民の間で受け継がれる手織りの生地や、古代から紡績が盛んな都市の綿を使い、伝統産業の再生に貢献したからだけではない。当局が風紀に目を光らせる中で、「ぎりぎりのおしゃれ」を提供しているためだ。

子どもの頃、手編みの人形作りにはまり、美大で服飾のデザインを学んだ。素材を「ペルシャ七〇〇〇年の伝統」に求める。「髪、首もと、手首、足首を露出しない」というデザイン業界に伝わる不文律に気を配りながら、保守的だが華麗なファッションを実現した。

全身を黒衣でまとうチャドルが「模範的」とされるイランで、「アザデーヤサマン」のようなレディースブランドが続々と誕生している。イランのファッション界に新風を吹き込もうとする女性は、イランの革命体制の規制に対し、静かにかたくなに抵抗してきた。

テヘランでブティックを開き、当局に摘発されないぎりぎりのデザインに挑むナビザデさん（中西賢司撮影）。

イランは一九七〇年代まで、「脱イスラム」を掲げる親欧米の国だった。国王は洋服着用令を出し、女性は西欧の女性と変わらない格好で街を闊歩した。それが、七九年のイスラム革命（親米のパーレビ国王の退位を要求する民衆デモが全土に拡大し、一九七九年に、国王が国外に亡命して失脚した革命。イラン革命とも呼ばれる。王政時代に認められた飲酒や女性のサッカー観戦は、イスラム法学者が統治する政教一致の現体制下で禁止された。最高指導者は初代がホメイニ師で、現在は二代目のハメネイ師）で根底から変わった。

イスラム教のコーランの教えに基づく国造りが始まり、今度はヘジャブ（頭髪を隠すスカーフ）の着用が義務付けられ、チャドルを着ることも推奨された。街には「ヘジャブよし。チャドルもっとよし」との標語が書かれたポスターが貼り出された。ナビザデさんは小学生時代、派手に着飾っていないかを調べるため、「黒、茶、紺色の靴下を履いてきたかどうかを先生たちにチェックされた」ことを覚えている。「地味な服装が無難」。そんな考え方が人々の心を覆うかに見えた。

しかし、黙して従うだけではない女性たちがいた。イラン人デザイナーの先駆者として知られるマハラ・ザマニさん（六七）が目を付けたのは次世代、つまり、子供たちだった。学校の制服から変えていこうと、女子の制服に明るい色やチェック模様を施し、リボンもあしらったデザインを発表した。子供たちは大喜びし、保護者はすんなり受け入れた。

厳格なイスラム体制の枠内で社会改革を唱えたハタミ大統領の時代（在任一九九七〜二〇〇五年）だった。規律に対する緩和の機運が生じたことで、学校に続き、官公庁から制服制作の依頼が舞い込むようになった。ペルシャ湾を隔てたカタールのカタール航空に客室乗務員のデザインも提供し、ザマニさんは政府から表彰も受けた。

それ以降、イランの女性は、髪の毛を完全に覆わないスカーフを着用したり、爪にマニキュアを塗ったりして、自由な装いの幅を徐々に広げてきた。二〇一三年からは、穏健派のロハニ大統領のもと、女性デザイナーのカジュアルブランドが続々と立ち上がる。

ただ、当局が放任に転じたわけではない。髪の毛を全てスカーフで覆わない女性を見つけた場合には、そう行動させるように講習を受けさせる。「服装が乱れている」として拘束された女性の家族は、釈放時に必ず着替えを持参し、女性は二度と同じような行動をしないとの誓約書に署名する。当局は町中を歩く女性の服装を抜き打ちでチェックする。明確な服飾の基準がないため、摘発の是非は当局の裁量に委ねられている。だから、多くのデザイナーは涙ぐましい努力を強いられる。

ある女性デザイナーは、警察に店頭に置いたマネキンの胸を削るよう命令された。胸の膨らみが男性をそそのかすと判断したようだが、結局、目抜き通りにあった店を人目のつきにくい住宅街に移転させた。「何が良くて、何が駄目なのかという基準がないので、当局の監視下に置かれているという圧力とストレスを感じながら、店を経営することになる」と打ち明ける。

自身のカジュアルブランドをインターネットで販売してから六年になる女性は、当局の「レッドライン」(越えてはならない一線)を心得たプロのカメラマンに商品撮影を依頼している。自分のブランドを着せるモデルも、髪の露出具合が適度かどうかといった細かい点をチェックしながら、ネット上に画像をアップしている。

イランでは二〇一八年、ヘジャブを公共の場で脱ぎ捨て、規制に抗議した女性たちが拘束される事件が大きく報じられた。窮屈な規制に反抗し、華麗に装う女性は確実に増えている。その多さに当局の取り締まりは追いつかず、女性たちは許容される幅をじわりじわりと広げているのだ。

見えない服装基準

テヘランに住むファラさん（仮名、四五）は約一〇年前、女性の服装には不適切だとして、当局からロングブーツ姿をとがめられた。それでも、しばらくすると、再びロングブーツを履いて街に繰り出した。「今はブーツなんて普通よ」と屈託ない。

今やヘジャブもどんどんカラフルになった。ヘジャブの代わりにニット帽で済ませる女性も少なくない。チャドルは着ないで、ボトムスにはジーンズはもちろん、脚のラインを強調したレギンスをはく女性もいる。ファラさんは「マントを広げて、脚のラインをチラリと見せながら歩くのが格好いいのよ。警察の姿が見えたら、マントで隠せばいいだけよ」と笑う。

ザマニさんは、イタリアや国連機関からも表彰されるなどデザイン界の大御所になった。数年前には、若手デザイナーら約八〇人と民間活動団体（ＮＧＯ）を設立し、新しいデザインの開発に着手した。ファッション雑誌も出版し、アイデアを次々と発信する。

ザマニさんは「いつの時代も、どこの国でも、古今東西、女性はおしゃれを求めるものよ。イランの服飾文化を、まだまだ保守的なイラン社会に、そして、世界に伝えていたい」と意気込む。

――見えない服装基準に挑むデザイナーたち。おしゃれを求める戦いは、マニキュアにも及ぶ。

5　合法マニキュア　毎日塗って礼拝も（エジプト）

生理の間のおしゃれ

「君はきちんと礼拝をしていないね！」。カイロ郊外に住む雑貨店経営のバサントさん（二三）は、バスの中で男性からよくこう注意されてきた。男性の視線の先にはいつも、バサントさんの赤いマニキュアがあった。

イスラム教徒は一日五回の礼拝の前に、顔や手足を洗う「ウドゥー」（図2参照）と呼ばれる行為で心身を清める。だが、マニキュアをしていると爪を洗えず、ウドゥーが不完全となり、礼拝自体も無効とみなされる。男たちはそれを問題にしたのだ。

バサントさんはそう言われるたびに、「私は生理中なのでいいんです！」と言い返したくなる。イスラム教が、「月経は不浄」として、生理中の女性の礼拝を免除しているためだ。バサントさんを含め多くの女性は、生理の期間だけ爪のおしゃれを楽しんできた。

でも、バサントさんは、重い生理痛を抱えている。せっかくきれいなマニキュアを塗ったのだから、友達と街に繰り出したいのに、歩くのがつらく、家で寝込む羽目になることも多かった。

一方、生理ではない時には、結婚式やパーティーに出席してマニキュアを塗っても、礼拝の時間になれば、それを落とさなくてはいけない。「もう少しこのままでいたい！」と思っても、楽しめるの

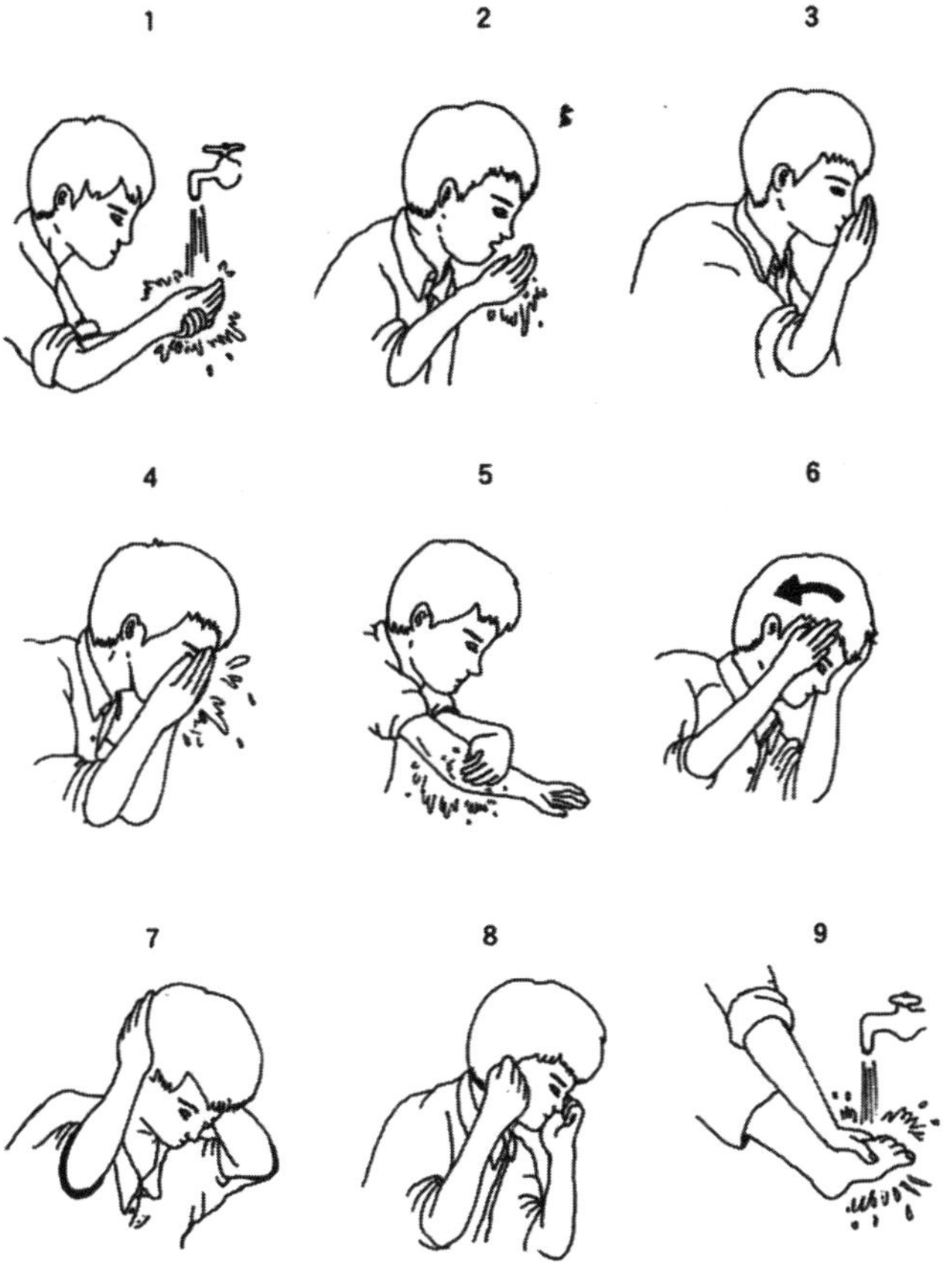

1：手を洗う
2：口をすすぐ
3：鼻で水を吸って洗う
4：顔を洗う
5：手首から肘を洗う
6・7：頭髪を洗う
8：耳を洗う
9：足を洗う

図２　礼拝前のウドゥーの主な順序

出所：『サラート――イスラームの礼拝』イスラミックセンタージャパン、2003年。

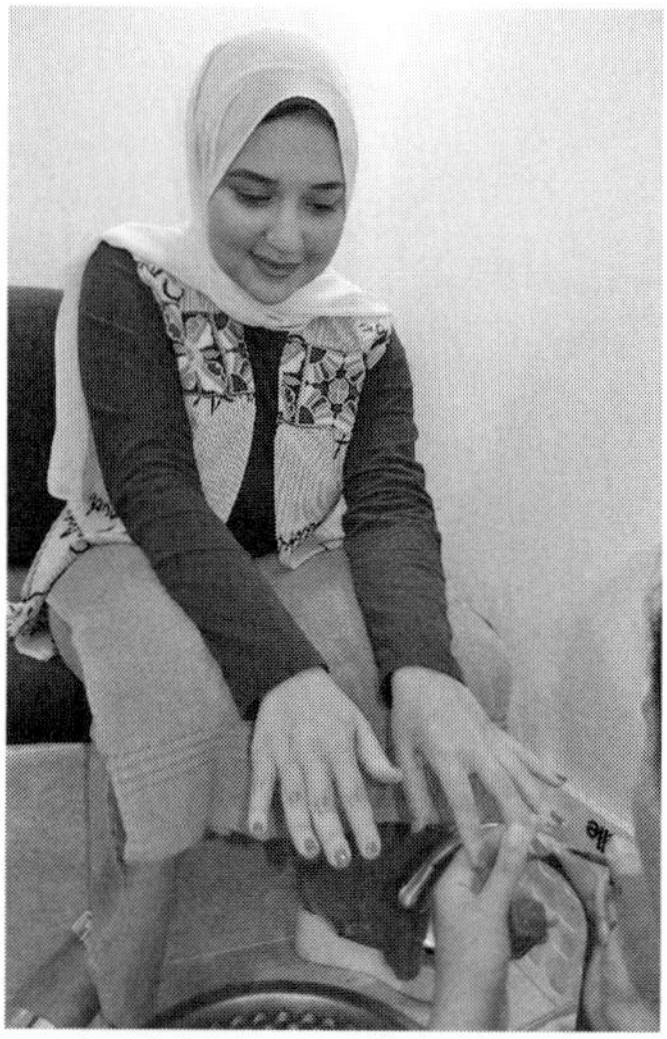

カイロ郊外のネイルサロンで真っ赤なハラル・マニキュアを塗り、うれしそうなバサントさん（倉茂由美子撮影）。

はせいぜい数時間。「あー、もったいない」。落とす時にはいつも、寂しい気持ちになった。

そんな時、ポーランドの化粧品会社が「ハラル（合法の）・マニキュア」を発売した。水分を通す性質のマニキュアのため、塗ったままでも水が爪に届き、洗ったことになるという触れ込みだ。生理中だけでなく、常に美しくありたい女性の心をつかみ、二〇一三年の発売以降、サウジやアラブ首長国連邦（UAE）で爆発的に売れたという。

エジプトではそれから少し遅れて、ハラル・マニキュアで爪のおしゃれを日常的に楽しむ女性が増えた。ポーランドの化粧品会社の商品は、エジプトでは一本四〇〇ポンド（約二四〇〇円）する。公務員の平均的な給与が三〇〇〇ポンド（約一万八〇〇〇円）程度のエジプト人にはなかなか手が出ない。そこで、エジプトの化粧品会社が類似商品を一本四〇ポンド（約二四〇円）で売り出し始めた。一五ポンド（約九〇円）程度の普通のマニキュアに比べればまだ高いが、女子学生たちも気軽に買える価格になった。

さらに、カイロにあるイスラム教スンニ派の最高権威アズハル機関が、「水が爪まで届くマニキュアは合法」との見解を出し、ハラル・マニキュアは宗教的にお墨付きを得た。ネイリストのイスラさん（二二）は、「この一年で客が三倍以上に増えた。ほとんどの客がハラルタイプを選んでいる」と明かした。イスラさんのネイルサロンにもハラル・マニキュアを置いているが、自分で購入したものをサロンに持ち込み、イスラさんに塗ってもらい、倹約する学生も多いという。

イスラさんによると、ハラル・マニキュアは「呼吸できるマニキュア」とうたわれているだけあって、のびが良く、塗る層が薄く、つけ心地が軽いのが特徴だ。だが、「水分を通す」成分のためか、塗ってからはあまり長持ちしない。普通のマニキュアなら一週間もつところ、ハラル・マニキュアだと三日くらいだという。

水通さず、非合法の指摘も

ただ、女性の中では、こうした新製品に懐疑的な声も多い。中高年の女性には、マニキュアの代わりに、伝統的な植物の葉「ヘンナ」を爪に塗る女性も少なくない。赤茶色のヘンナは、爪を染色するだけのため、ウドゥーでも爪を直接洗うことができるのだ。

カイロの主婦ノハさん（三八）は、「ハラルと言っても、マニキュアが水を通すはずがない」として、自宅で独自の実験をしてみた。

ティッシュペーパーにハラル・マニキュアを塗って乾かした後、その上からスポイトで水を垂らすという方法で、ティッシュの裏がぬれれば「ハラル（合法）」、ぬれなければ水を通さないので「ハラーム（禁忌）」となる。結果、ティッシュはぬれず、ノハさんは、「だまされては駄目よ。ウドゥーで身体を清めたことにはならないから、有効だと思っていた礼拝が、全部無効になる。不信心者として地獄に落ちるわ」と友人たちに伝えている。

ノハさんのような実験は、「ユーチューブ」などの動画サイトでも流行っている。様々な国のイスラム教徒の女性が、「ハラル・マニキュアは本当にハラルか？」といった検証動画を投稿し、賛否を呼んでいる。

女性の間では一般的になりつつあるハラル・マニキュアだが、おしゃれに無縁の男性たちには、その存在自体がまだ知られていない。だから、バサントさんの爪に注がれる批判的な視線は、今も変わらない。男性に注意され、「これはハラル・マニキュアだからいいんです。水を通すんです」と説明したこともあったが、「何を言っているんだ。そんなものあるわけがないだろう」と一蹴された。

実のところ、バサントさん自身も、水を通す仕組みや成分がどうなっているのかはよく理解していない。でも、マニキュアのびんには大きく「ハラル」と書いてある。だから深く考えないことにした。「ハラルって書いてあるんだから、ハラルなのよ」と言い切る。

バサントさんは今、毎週のようにネイルサロンに通う。お気に入りの真っ赤なハラル・マニキュアが塗られていく爪に見とれながら、「爪がきれいだと気分も上がるわ」と笑った。

第三章　男に負けない

1　車の運転解禁（一）　先駆者たちの戦い（サウジアラビア）

「待ち続けた」ハンドル握り、ピースサイン

二〇一八年六月二四日午前〇時。サウジアラビアで歴史的な瞬間が訪れた。世界で唯一認められなかった女性の自動車の運転が解禁された。

「五、四、三、二、一……さあ、行くわよ！」。サウジ西部ジッダの元大学教授サハルさん（六四）は〇時になった瞬間、興奮した面持ちでハンドルを握り、ピースサインをしながら自宅を出発した。運転解禁を待ち続けていた女友達らと車列を組んで、海岸沿いに繰り出すと、近くの車や沿道から、「おめでとう！」と祝福の拍手を浴びた。警察官からも花を贈られた。「何十年もこの瞬間を待っていたのよ。普通の自由をやっと手に入れた！」。サハルさんは目を潤ませて叫び、運転席の窓から何度も手を突き上げた。

ジッダで自動車の運転解禁を喜ぶ女性（倉茂由美子撮影）。

サハルさんは高校時代に結婚した。その後、米国に留学して、運転免許を取得した。「当たり前に街中を運転して、休日には遠出もした。気持ちが良かった」。米国滞在中、マニュアル車の運転にすっかりはまった。だが卒業後にサウジに帰国してからは運転免許の取得が許されなかった。

女性の運転を禁じる法律はない。ただ、イスラム教の教義を厳格に適用するサウジでは、「車に乗れば女性が異性と接する機会が増える」といった理由から、女性に免許を交付してこなかった。男性からは「女は運転が下手だ。危ない」と禁止を正当化する声もあがった。女性が外出するには、夫や男性親族の運転で出かけるか、お抱えの運転手を雇う必要があり、サウジの多くの家庭では、インド人ら出稼ぎの外国人を雇ってきた。

「世界のどこでも、女性が運転している」。二〇一三年一〇月、サハルさんは女性の運転解禁を求める女性活動家らの運動に賛同し、ジッダの大通りで車を運転した。「見つかったら逮捕されるのは、覚悟の上。しばらく帰れなくなるかもしれないから、パジャマを持って出かけたわ」と振り返る。

案の定、通りを走り始めると、警戒中の警察官に見つかり、あっという間に警察車両七台に囲まれ、止められた。「この国では女が運転できないのを知らないのか」「後見人はどこだ」と問いただされた。サウジには、女性が結婚したり外出したりする時に父親ら男性親族の許可を必要とする後見人制度がある。警官は、後見人である息子に連絡して現場に呼び、サハルさんに「今後、二度と運転しない」と誓約書を書かせた。それから五年。サハルさんはこの解禁日を待ち続けたのだ。

この解禁の瞬間に、サハルさんら女性ドライバーが叫び続けた言葉がある。「ＭＢＳ！ＭＢＳ！ＭＢＳ！」。サウジの実力者、ムハンマド皇太子、正式にはムハンマド・ビン・サルマン皇太子のイニシャルだ。

女性の運転解禁は皇太子が推し進めた。石油大国サウジが目指す脱・石油依存の社会経済改革の一環で、女性が自動車を運転し、自由に行動することで、社会進出が促され、新たな雇用の創出や消費拡大にもつながると期待する。(3) サハルさんは、「今日、重く大きな扉が開いた。これからこの国の女性の暮らしはどんどん変わる。偉大なる皇太子！」とたたえた。

興奮が収まらないサハルさんには気がかりなことがあった。元大学教授で人権活動家のアジーザさ

(3)　女性の運転開始で期待される影響
サウジ政府などの試算によると、女性の運転者は二〇二〇年までに三〇〇万人まで増え、経済効果は三〇年までに九〇〇億ドル（約九・九兆円）を見込む。サウジ政府は、労働力に占める女性の割合を、三〇年までに三〇％に引き上げる目標を掲げる。

ん（六〇）の姿がなかったことだ。それを想うと、表情を曇らせ、「何が起きたのかは誰も分からない」とつぶやいた。

消えた女性活動家

アジーザさんはサハルさんたちよりも早く、女性の運転解禁を求める運動を始めた。まさに先駆者の一人だ。幼い頃から、亡き父に「不公平を許してはいけない」と教えられてきた。

チュニジアから始まった民主化運動「アラブの春」が中東各地に波及していた二〇一一年六月。アジーザさんは、公道で車を運転し、その動画を「ユーチューブ」で公開した。周囲に女性が運転していると気づかれても、妨害や嫌がらせを受けたりせず、安全に走れているという内容だった。「女性でも問題なく運転できる。社会も受け入れる準備ができている」。そうアピールし、政府に民主的な対応を求めたのだ。アジーザさんの他にも数十人が車に乗って道に繰り出し、次々に動画や写真をSNSに投稿した。

だが、そんな女性たちの抵抗は、一時的に話題になった後は、あまり関心を持たれなくなった。「運転したい女性はたくさんいる。でも、この保守的な社会では、多くの人が、誰かが変えてくれるのを待っている」。アジーザさんはそう思った。二年後、「女性が運転できないのはおかしいという議論をもう一度盛り上げたい」と、インターネットで女性たちに運転を呼びかけ、一斉キャンペーンを行った。国内各地で女性たちが車を運転し、アジーザさんの集計では、一日に少なくとも一二〇人が運転の写真や動画を投稿したり、アジーザさんに送ったりした。サハルさんもその一人だった。

大規模な運転の呼びかけに、サウジの警察当局は各地で道路を封鎖するなどの対抗措置に出た。アジーザさんは、助手席にいた動画撮影者の女性とともに、警察に数時間拘束された。夫が呼ばれ、「もう二度と運転をしない」と誓約書を書かされた。アジーザさん自身は、もうこれで運転が合法化されるまで運転できなくなったが、「権利獲得までは、あきらめない」と、他の女性たちの支援をSNS上などで続けた。女性の運転禁止は、国際的にも非難の対象となっていたが、アジーザさんには、「サウジの女性の権利は、『外』からではなく『内』から変えられるべきだ」という信念もあった。

〈女性の運転を二〇一八年六月に解禁する〉。一七年九月、サルマン国王の王令は突然出された。女性たちが待ち望んでいた権利が、ついに実現する時が来た。だが、アジーザさんに連絡を取ると、「政府から国外メディアと連絡を取るなと命じられている。他の女性活動家も同じ状況だ。誰も話せる人はいない」と返事があった。ツイッターも、その頃更新が止まった。

〈女性人権活動家ら、七人拘束〉。運転解禁を約一か月後に控えた一八年五月、AFP通信など海外メディアが大々的に報じた。サウジ政府も後にこれを認めた。拘束されたと報じられた女性らの名前の中に、アジーザさんの名前もあった。

容疑は、「王国の治安と安定を脅かした」「外国組織との疑わしい接触があった」「海外の敵対分子への経済的支援」などと列挙されたが、詳細は伏せられた。拘束された活動家らは、かねてから後見人制度の撤廃を訴えており、女性の権利拡大に向けた過度な活動をけん制したとの見方もあった。アジーザさんらは、拘束中、当局からセクハラや拷問を受けたとの人権団体による報告もある。その後、裁判が行われたが、非公開で行われた審理の内容は不明だ。

2　車の運転解禁（二）　社会進出と反対論（サウジアラビア）

免許証あり、採用決まる

サウジアラビアでは、二〇一八年六月に自動車の運転が解禁されて以降、女性たちの生活が確実に変わっている。

「車の免許が取れたら、就職できた」。東部ダンマムの女性事務員のハイラト・ファデルさん（三〇）は解禁から半年後の一二月、こう打ち明けた。

二年前に米国留学で教育学の修士号を取得し、「母国の教育現場でバリバリ働きたい」と意気込み帰国した。ところが、就職活動ではことごとく落とされ、落胆の日々が続いた。面接では、「女性は遅刻する」と言われてきた。公共の交通機関が発達していないサウジは車社会だ。女性は自分で運転できず、夫や兄弟らに送迎してもらう必要があるため、自分で時間の管理ができないとみられているからだ。ハイラトさんは「能力はあるのに、男性より条件が不利だった」と振り返る。

だが、状況は変わった。ハイラトさんは、運転解禁後の九月、免許を取得した。その直後、学校事務職の面接で、「自分の運転で通勤できます」と話すと、あっさり採用が決まった。父の車を借り、一二月から車通勤を始めた。月給は五〇〇〇リヤル（約一五万円）で、「目標は、子どもたちが楽しく学べる教材開発。プロジェクトに向け準備したい」と笑顔を見せた。

生活の変化は、仕事だけではない。仕事帰りにイベントに参加したり、おしゃれなレストランで好きな食事を楽しんだりするようになった。以前は、兄弟に送迎してもらい、「いつも行動を監視されているようで嫌だった」が、今では「心から楽しめる」と目を輝かせた。

運転解禁後、職を求めながら見つからない女性の割合は約三割で、一年前に比べると少しだけ減った。ハイラトさんのように、運転解禁により就労の機会が増えたためとみられている。政府は、運転解禁を機に労働力に占める女性の割合を二二％から三〇％に上げたい考えだ。

副業ブーム、仕事帰りに個人レッスン

地元メディアによると、解禁後に免許を取得した女性は一二月までの半年間で約四万人に上った。女性の運転手を登場させた広告や、運転する女性をターゲットにした宣伝が増えている。ただ、女性の自動車教習所は全国に五校しかなく、首都リヤドの教習所では、約八万人が入校を待っていた。

そこで新たに始まったのは、免許を先に取得した女性ドライバーによる個人レッスンのビジネスだ。生徒は、教習所の入校待ちの間に、個人レッスンで運転技術を先に身につけておけば、試験に早く合格し、教習所に通う期間を短縮できる。免許証を持つジッダの技師バヤーン・ハジさん（二八）は、半年間で約七〇人の女性に運転を教え、教習所での試験に合格させてきた。宣伝はしていないが、友

達や、友達の友達といった口コミで常時六人程の生徒を抱える。

バヤーンさんの生徒の一人、大学講師シャイマ・アブナースさん（二九）は、緊張した顔で、ハンドルをがっちりと握った。「力を抜いて、リラックス、リラックス。ここで右折をしてみましょう」。助手席のバヤーンさんが、優しく指示をだすと、シャイマさんは照れ笑いをしながら、大きく深呼吸した。

シャイマさんは、教習所に「四か月待ち」と言われたが、「そんなに待てない」と友人のバヤーンさんの元へ駆け込んだ。インド人の運転手を月二〇〇〇リヤル（約六万円）で雇っていて、そのほかにも運転手の住居も用意しなくてはならず、負担が大きい。その上、運転手の「遅刻」や「失踪」などのトラブルにも悩まされていた。「一日も早く自分で運転したい」と練習に励んでいた。

バヤーンさんのような個人レッスンでは、報酬は一時間約一〇〇リヤル（約三〇〇〇円）が相場だ。仕事帰りなどに、受講生とSNSなどで連絡をとってレッスンを入れることができ、「おいしい」副業になっている。

一方、友人らを車で送迎する仕事を始めた女性たちもいる。

病院勤務のアスマ・アブドルファタハさん（二三）は、一二月に免許を取得し車通勤を始めると、友達から「職場まで送って」「学校まで妹を迎えに行って」と運転を頼まれるようになった。多くの家では、運転手を雇っているが、通学や通勤時間が家族で重なると、タクシーや配車サービス・ウーバーを使わざるを得ない。こうした場合に、知らない男性の車に乗るのをためらってしまう。

一か月間で、アスマさんの「得意先」は四人に増えた。自分の空き時間に職場や学校へ送迎し、一か月で約六〇〇〇リヤル（約一万八〇〇〇円）の収入を得た。今は父親の車を使っているが、「お金をこつこつためて、マイカーを買うのが夢」だ。

ウーバーなどでも、女性運転手の登録は増えている。利用客の約八割を占める女性客が、配車オーダー時に、女性ドライバーを希望できるシステムも始まっている。

女性ドライバーに「へたくそ」

一方で、女性の運転に対する、男性の反対論も根強い。解禁直後の二〇一八年七月には女性の車が放火される事件があった。

家族問題の女性カウンセラー、ザハラ・モアビさん（六〇）の元には、妻の運転に関する相談が毎月四～五件寄せられる。夫が妻の運転に反対し、夫婦仲が悪化して離婚したり、結婚時に通常交わす契約書に女性が「妻の運転を認めること」と条件を書こうとしたが、男性が反対したため、「考えが保守的すぎる」と女性が婚約を破棄したりしたケースもあった。

ザハラさんによると、男性が女性の運転に反対するのは、他の男性との接触の機会が増えたり、妻の要求がエスカレートしたりすることを心配するためだ。ザハラさんは「法や制度を変えるのは簡単だが、人の思考や家族内の関係は変わるのに時間がかかる」と課題を指摘した。

男性会社員ムハンマド・ラブハーンさん（三九）は、節約のために妻に運転免許をとらせてパキスタン人の運転手を解雇したが、「妻が自由に外出すると、知らない男と話す機会が増える」と不安がる。自分の留守中の妻の行動を疑うようになり、再び妻の運転を禁止しようと考え始めている。

サウジのメディアによると、一八～二四歳の男性の五六％が女性の運転に反対し、結婚相手には選びたくないとの世論調査結果がある。インターネット上では、女性運転手が事故を起こした目撃情報が投稿され、「へたくそ」といった男性からのコメントが相次いだ。

運転免許取得で就職が決まったハイラトさんも、実は車を運転し始めたことを、離れて住む兄には内緒にしていた。取材途中、たまたま兄が通りかかると、「お願い！私が運転しているってばらさないで」と言って、兄の前でとっさに話題を変えて取り繕った。

立ち去った後、改めて話を聞くと、兄は保守的で、「女が一人で外出してはいけない」として、自分の妻にも運転を禁じているという。ハイラトさんは、「人の考え方は、そう簡単に変わらない。サウジで女性が当たり前に運転するようになるまでは、隠れて運転するしかない」と話した。

ただ、女性の運転に批判的な男性たちも、もはや公然と反対しづらい。女性の運転解禁はムハンマド皇太子が主導する政策で、これに反対すれば、王政批判になりかねないからだ。

ある男性タクシー運転手は、「女の運転は危ないし、女性が一人で出歩けば、男の支配が利かなくなり、社会が乱れる。女が運転していいことなんてない」と小声で話した。

3　自転車運転　ふしだら批判乗り越え（サウジアラビア）

「サドルの振動、処女膜破る」

サウジアラビアではようやく女性の自動車運転が可能になったが、自転車を自由に乗れる日も来るのだろうか。

自転車がなかった時代の聖典コーランや預言者の言行録ハディースにはもちろん、女性の自転車利用を禁じる記述はない。だが、イスラム社会では、コーラン第二四章「光り」の三一節にある「女性は美しいところは見せぬよう」の解釈から、自転車に乗れば、「尻の形があらわになる」「サドルの振動が女性の処女膜を破る」といった見方が強かった。

だが、サウジ西部ジッダの海岸通りでは二〇一八年末、アバヤ（全身を覆う衣装）を腰までまくり上げた女子学生らが、次々と自転車に乗り、走り始めた。多くの女子が乗っていたのが、後ろにカゴがついた三輪車型の自転車だ。日本では、高齢者が乗っていることが多いタイプの自転車だが、サウジでは、「練習したことはないけど、今すぐ乗りたい！」という女子学生らに最適なのだ。

「風を切って、びゅんびゅんと進む。こんなに気持ちいいなんて知らなかった！」。女子大生ロリンさん（二四）は興奮した様子で話した。子どもの頃からずっと乗りたかったが、我慢してきた。友人に誘われ、この日初めて、近くのホテルで三輪車型の自転車をレンタルして挑戦した。

一緒に居たグループの中には、ロードバイクを乗りこなす友人もいる。ロリンさんは、その自転車をうらやましそうに眺めながら、「もっと練習して、私も格好良く乗りたい」と目を輝かせた。

サウジでは自転車に乗る女性が増えていると言われる。二〇一八年六月に、女性の自動車運転が解禁となったことがきっかけだ。車を持たない若者たちの間でも、女性が自由に行動する機運が高まり、これまでタブーとされてきた自転車に人気が出始めているのだ。自動車を運転する女性への冷やかしや嫌がらせが禁止され、最大で禁錮五年、罰金三〇万サウジ・リヤル（約九〇〇万円）を科す法律が議論されたことも、自転車に乗る女性を後押ししている。

古くて小さな自転車に乗る女子高生マリアムさん（一八）は、小学校の頃から自転車を乗りこなしていた。ただ、周囲の目を気にして、自転車を楽しむのは自宅の庭や旅行先だけだった。車の運転が解禁になり、女子学生らが自転車に乗り始めたのを見て、マリアムさんも外に出かける決意を固めた。父イムランさん（五二）は、「社会が変わってきた。今なら安心だ。やっと広い道で乗せてあげられる」とマリアムさんをうれしそうに見守った。

ただ、こうした変化は、商業都市で開放的なジッダなど一部の地域に限られる。サウジ当局によると、二〇一八年六月以降、五〇〇人以上の女性がサイクリングのイベントに参加するといったパフォーマンスもあったが、自転車に乗る女性の割合はまだ「一％に届かない」という。

それでも、「自由と権利を認めてもらうために走り続ける」と話すのは、ジッダに住むナディマさん（三〇）だ。サウジでは、子供のプレゼントに、男の子には自転車が与えられるが、女の子にはおもちゃだ。それが不満だったナディマさんは、兄の自転車に乗りたいと父親に頼み込み、八歳の時から自転車に乗った。以来、「風を切る爽快さ」のとりこになった。大きくなって道路を走っていると、そばを通る車の運転手から「おい、そこの女、警察に捕まるぞ」と揶揄された。それでも走り続け、一八歳の時、「ビシクリタ」と呼ばれるグループを作り、約三〇人のメンバーと一緒に路上を滑走している。「恐れと闘いながら、自転車に乗ることを決意し、保守的な社会を打ち破る」ために自転車に乗っているという。

サウジアラビア西部ジッダで、体の線が出ない服装で自転車に乗るナディマさん（本間圭一撮影）。

利用者五%に満たず、男装も

サウジ以外の中東諸国でも、自転車に乗る女性が目立ち始めた。オマーンでは、ある女性技師が二〇一七年、女性に自転車の乗り方を教える「サイクリスタ」というプログラムを開始した。パレスチナ自治区ガザでは一六年、四人の女性が毎週、ガザ市中心部からイスラエルとの境界付近まで自転車で走り、イスラエルの封鎖に抗議する運動を続けた。イラクの首都バグダッドでは、交通渋滞のため、最終試験の時間に間に合わなかった女子生徒が渋滞を避けるため、フェイスブックで自転車に乗る運動を開始した。

だが、社会がこれを容認したわけではない。イランでは二〇一六年、公での女性の自転車運転を禁止する宗教令（ファトワ）が出された。イエメンでは一五年、内戦による燃料不足に対処するため、十数人の女性グループが首都サヌアで自転車に乗るキャンペーンを行ったが、それを目にした市民からはSNS上で「あの女たちはイスラム教徒ではない」「イエメン社会の破壊者だ」との批判が相次いだ。

エジプトでは、ガソリンの値上げや首都カイロの慢性的な大渋滞により、これまで、低所得者の男性の乗り物とみられていた自転車が注目を集め始めた。サイクリングが趣味とされるシシ大統領も、国民に車から自転車に乗り換えるよう呼びかけ、若者のイベントも開催されるようになった。だが、女性が自転車に乗ると、批判や中傷が浴びせられ、男性が女性の自転車の荷台に飛び乗るといった嫌がらせも発生した。エジプトの主要紙「アルマスリ・アルヨウム」によると、学校へ自転車通勤していた女性教員（二九）は、タクシー運転手に進路を妨害されて足を負傷し、医師からは自転車のペダルをこぐことが出来なくなったと告げられた。

エジプトの研究機関の調査では、アラブ諸国で自転車に乗る女性は五％未満とされる。しかも、その多くはフランス文化の影響が強いモロッコやチュニジアといった北アフリカ諸国に集中し、湾岸諸国だけでみると、〇・一％を下回るという。実際、中東諸国では、都市部以外で女性が自転車に乗る姿はほとんど見られない。

「自転車に乗るために女が足を開き、尻を揺らすなんて下品だ」。保守的な土地柄のサウジの首都リヤドからジッダを訪れた自営業の男性のホキールさん（三三）は、若い女性たちが自転車に乗っている光景を目にして憤慨した。そして、「こういう女たちは男の言うことをきかなくなる。社会が乱れる原因だ」と言い放った。男性の反対意見は根強い。

ジッダの女子大生ハスナさん（二二）は、大の自転車好きだ。これまでは物議を醸さないようにするため、弟（二〇）の服を借り、帽子の上に上着のフードをかぶり、サングラスをかけて男装して自転車に乗ってきた。

だが、ある日、偶然叔父とすれ違い、男装が見破られてしまった。叔父は「お前の両親には黙っている。だからもう二度と乗るな」と言い、ハスナさんは自転車に乗ることをあきらめた。しばらくは我慢できたが、どうしてもまた自転車に乗りたくなった。思いついた作戦は、ニカブ（目以外の顔を覆い隠す布）をかぶることだった。男性からの視線を避けるために特に保守的な女性が着用するもので、男性はニカブを着けた女性をじろじろ見ないのが礼儀だ。「目だけでは私だとばれることはない」とニカブの利点を強調した。

だが、風を受けて顔にくっつく布は邪魔だ。周りでは、顔を隠さず楽しそうに自転車に乗る女子を見かけるようになってきた。ハスナさんは、「堂々と乗れる日が来るまで、私はもう少しこれで我慢する」と笑った。

——体を動かしたいという女性の欲求は自転車だけではない。その思いはボール競技でも同じだ。

4　バスケットボール　身体隠して熱中（サウジアラビア）

塀の中のタンクトップ

サウジアラビア西部ジッダの住宅街の一角にある運動場。地元のバスケットボールチーム「ジッダ・ユナイテッド」に所属する女子学生約二〇人が練習に励んでいた。タンクトップに短パン姿で、長いポニーテールの髪を揺らしながら、ドリブルする。公には見られない光景だ。周囲は高さ約三メートルの壁で囲まれていた。男性の目に触れないようにするためだ。

「男が入ってくるよ！」。男性技師が故障した照明を修理するため、運動場に来たことが分かると、選手のディマさん（二二）らが一斉に叫んだ。女子学生は練習を中断し、近くに置いておいた女性のアバヤ（全身を覆う衣服）をはおり、肌や髪を隠した。

イスラム圏では長く、女性の運動は好ましくないとされてきた。体の線が見える運動着の着用が、男性を誘惑するとみなされるためだ。教義に厳格なサウジでは、女性は公共の場ではアバヤを着なければならない。

「ジッダ・ユナイテッド」は、二〇〇六年に設立され、サウジ初の女性のスポーツクラブだった。設立者の一人が、ディマさんのいとこのリナさんだ。

リナさんはサウジでは珍しく、小さい頃からスポーツに親しんでいた。社会では女性の運動はタブー視されていたが、リナさんの両親は「息子と娘には、平等の機会を与えるべきだ」と考えていた。バスケ好きの叔父の影響で、親戚が集まれば、決まって子供たちはバスケで遊び、庭やビーチなどで日が暮れるまで走り回った。私立の女子高に通っていた学生時代には、校内のバスケ部に入部した。公立学校では女子生徒の運動は禁じられていたが、富裕層が通う一部の私立校では、女子の体育やクラブ活動も許されていたのだ。リナさんは主将を務め、青春時代をバスケに捧げた。大学は米国に留学した。必死に勉強して苦労が多かった留学生活も、週末に友人とバスケで汗を流すことが息抜きになって無事に乗り切った。

サウジアラビア西部ジッダで、写真撮影のため、スポーツ用のヘジャブや長袖シャツを着用し、練習するディマさん（倉茂由美子撮影）。

だが、大学を卒業してサウジに帰国すると、運動とは縁遠くなった。やがて結婚し、長女を出産すると、「産後鬱《うつ》」になった。

「久しぶりに、バスケをやったらどうだ？」。リナさんの不調を見かねた夫が、こう提案した。「そうか。バスケか！」。育児に追われ、いつの間にかすっかりバスケのことは忘れていた。数年ぶりに高校時代のチームメートに連絡して集まった。たった九〇分。無心にボールを追いかけて走り、思い切り汗をかくと、まるで魔法にかかったように、もやもやしていた心がすっきりと晴れた。自分を取り戻した気がした。「悩みやストレスを抱える他の女性たちにも、運動という発散方法を知ってほしい」。女性向けのスポーツクラブ設立を決意した。

「はしたない」風評にめげず

二〇〇三年にチームを作ったが、活動を広げるにはスポンサーが不可欠で、そのためには正式なクラブとしてスポーツ当局に登録する必要があった。だが、女性の運動が事実上禁止されていたため、許可されなかった。

それでも、リナさんはあきらめなかった。三年後、ある解決方法を思いついた。「ジッダ・ユナイテッド」をスポーツ関連事業の企業として商業省に登録することだ。女子だけでなく、男子にも運動を勧めることを目的とした会社にすることで、無事認められた。

選手集めには苦労した。ジッダは比較的開放的な地域だが、多くの家庭では、娘をスポーツチームに入れることを「はしたない」「男に見られずに運動できる保証がない」と敬遠した。「勧善懲悪委員会」(通称・宗教警察)にも活動の妨害を受けたこともある。

地道に活動し、国際的な大会に出場し、テレビに取り上げられるようになると、バッシングを浴び始めた。「サウジ国民の栄誉を汚す」「モラルの低下を招く」。宗教指導者らはこぞって批判した。しかし、チームは「スポーツは人格形成と健康に重要。イスラムの理念にも沿う」と反論してきた。

活動は実を結んだ。二〇〇三年のチーム発足当時、一〇人だったメンバーは、約一五〇人に増えた。一〇代の子供たちから四〇代の大人まで年齢層は幅広い。ディマさんらは「サウジ代表」として、フランスやモルディブ、アラブ首長国連邦（UAE）などに海外遠征も行う。

リナさんは、女性のスポーツのタブーに挑戦したとして、二〇一四年、フォーブス誌の「最もパワフルなアラブ人女性二〇〇人」に選ばれた。一六年には、サウジの国会に当たる国王の諮問機関「シューラ評議会」のメンバーにも任命された。

「運動する女は男に逆らう」

だが、女性が運動することに根強い反対意見がある。首都リヤドに住む男性会社員マンスールさん（三三）は「女性がスポーツを始めれば、外にいる時間が増え、練習や試合などで男性と接触する機会が増える」と批判する。「女の体は、筋肉が付くとセクシーじゃなくなる」「運動をする女は、男に逆らい、権利の主張が激しくなる」と持論を展開し、バスケを始めたがっている妹（二二）にも、許可していないという。

それでも、状況は確実に変わっている。

二〇一二年のロンドン五輪では、宗教界が「スポーツウェアはタイトでイスラムに反する」と女性の参加に反対する中、サウジから初めて柔道と陸上競技の女性選手が派遣された。一七年には、禁止されてきた公立校での女子の体育や、女性用スポーツジムの設置が認められた。女性が公の場で運動できないのは差別との批判の高まりを受け、当局が改革に乗り出したのだ。

サウジ政府が二〇一六年に発表した脱石油依存の改革指針「ビジョン二〇三〇」でも、女性の社会進出とともにスポーツの重要性がうたわれ、スポーツを楽しみたい女性の追い風になっている。ディマさんのチームメートのディアナさん（二三）も、「政府が味方だと思うと安心」と話す。

変わらないことは、男性がいる場所では、競技中に肌を露出しないことだ。「ジッダ・ユナイテッド」の選手も、試合中はヘジャブ（頭髪を隠すスカーフ）をかぶり、長袖やスパッツで肌を見せない。衣服は米国企業が開発したスポーツ用で、ディマさんは「着けているのを忘れるほど薄くて軽い」と話す。

一方、こうしたクラブのような特別な環境を除けば、女性が自由に運動できる場所はまだまだ少ない。夏には気温が五〇度近くに達し、サウナのようになるサウジでは、冷房の効いた大型ショッピングモール内が運動施設と化す。Tシャツ姿の男性たちに混じり、スニーカーを履いてアバヤで肌を隠した女性たちが、イヤホンで音楽を聴きながら、ウォーキングやジョギングをする姿がある。

ジッダの海岸沿いでも、気温が下がる夕方になるとジョギングを楽しむ女性たちが出現する。ここでも、女性は足首まであるアバヤを着たままだ。海風で布が体にまとわりつき、時々立ち止まってヘジャブやアバヤを整えなくてはならない。

女性会社員のドアさん（三五）は、仕事帰りにこの海岸沿いの遊歩道を約一時間走るのが日課だ。

アバヤを着たままの運動に、好奇の目で見られたり小言を言われたりすることもあったが、最近はジョギングする女性が増えたおかげですっかり「普通の人」になりつつある。挑戦するスポーツの幅を広げ、乗馬やスキューバダイビング、ボクシングも始めた。ドアさんは「どんな服でも体を動かすのは一番のストレス発散よ」と話し、アバヤを直すと、再び走り始めた。

――こうしたスポーツへの情熱は国際大会にも及んでいる。

5　国際大会で抗議、規制変更（カタール、ヨルダン）

「ヘジャブ落ちれば危険」

大会側がヘジャブ（頭髪を隠すスカーフ）禁止の決定を変えるまで試合には出ない――。

韓国・仁川で二〇一四年九月に開催されたアジア競技大会での出来事だ。バスケットボール女子に出場予定だったカタール代表が、ヘジャブの着用を禁じられたことに抗議し、試合を放棄したのだ。代表選手のアマル・モハメド選手は大会公式のウェブサイトで、「禁止の理由が分からない」と大会の組織委員会にヘジャブ着用を認めるよう迫った。

組織委員会はこの時、「試合中、ヘジャブがコート内に落ちれば、他の選手には危険となる」として、大きなヘアバンドの着用禁止といった競技規定に違反すると判断したという。カタールの放棄を受けて、試合は規定により二〇対〇でモンゴルの勝利となった。中東では、カタールの男子バスケットや男子サッカーが強豪で、女子は男子に負けまいとして練習を重ねてきた。それだけに、出場を目指して、猛然と抗議を続けた。

カタール代表の抵抗は話題を集め、大会組織委の判断に疑問の声が挙がり、ヘジャブの着用を求める声が高まった。国際バスケットボール連盟（ＦＩＢＡ）は検討を開始し、二〇一七年五月、香港で行われた総会で、試合でのヘジャブの着用を認めた。東京五輪で新種目に採用された三人制バスケットボールでは、ヘジャブを着けたイラン女性選手が出場する。

ヘジャブ着用を認める動きは、他の競技にも広がる。

二〇一一年のサッカーのロンドン五輪アジア二次予選では、国際サッカー連盟（ＦＩＦＡ）が「選手同士の接触プレーの際に首が絞まる危険がある」と判断し、イラン女子チームの出場を認めなかった。だが、その後の国際的な批判の高まりを受け、ＦＩＦＡは一二年になり規則を改正し、出場を認めた。ビキニ姿で肌の露出が目立つビーチバレーも一二年に規則が変更され、ショートパンツや長袖など多様なユニフォームが認められるようになった。

こうした流れもあって、二〇一二年のロンドン五輪では、サウジ、カタール、ブルネイのイスラム圏三か国が初めて女子選手を派遣するなど、ヘジャブ姿の女性選手が数多く参加する大会となった。一六年のリオデジャネイロ五輪のビーチバレーでは、ヘジャブをまとい、体全体を覆うボディースーツのエジプト選手のペアがビキニ姿のドイツ勢と対戦し、対照的な姿が話題を集めた。

だが、一部の競技では規制が続く。国際柔道連盟（IJF）はロンドン五輪でサウジの女子選手が水泳帽のような特製ヘジャブで出場することを認めたが、寝技や絞め技で首が絞まる危険性を挙げ、布製のヘジャブの着用は原則禁止したままだ。二〇一八年一〇月、インドネシアの首都ジャカルタで開かれたアジアパラ大会の柔道（視覚障害）では、インドネシアの女性選手がヘジャブを脱ぐことを拒んで失格となった。この女性は失格後に記者会見し、「着用禁止のルールは知っていたが、私は私の信条に従った」と話した。

五人で人の壁

ヘジャブ着用の流れが広がる中で、試合中にはハプニングも起こる。

ヨルダンの首都アンマンで二〇一九年一〇月、サッカーの女子国内リーグのチャンピオンシップ「シャババブ・アル・オルドン」対「アラブ・オーソドックス・クラブ」戦が行われた。

アラブ・オーソドックス・クラブの選手がドリブルで相手選手二人を突破しようとした際、相手選手の一人の手が頭に当たり、ヘジャブがずれて頭髪が露出した。この選手は即座にかがんで両手で頭を覆い、髪を隠そうとしたところ、近くにいた相手チームの選手が、次々とこの選手のもとに集まり、計五人が円になって「人の壁」を作った。周囲から見えないようにして、ヘジャブをかぶり直すのを助けた。

試合は三〇秒ほど中断したという。だが、この試合の様子は世界各地で報じられ、米ABCテレビは「人の壁を作るスポーツマンシップが称賛されている」と伝え、インド誌インディア・トゥデーも「心温まるプレー」と記した。

ヨルダンのフットボール協会は「人の壁」を作ったシャバブ・アル・オルドンの選手五人の名前を公表した。この様子は動画サイト「ユーチューブ」でも拡散され、数百万回の再生があったという。

——女性がスポーツの壁を乗り越えていくのはプレーヤーだけではない。観客もその壁に挑む。

6 サッカー 私も見たい、熱狂の女子席（イラン）

四〇年ぶり観戦許可

保守的なイスラム教国イランでは、女性のスポーツ観戦が当局によって厳しく規制されてきた。大人気のサッカーの観戦を巡り、女性サッカーファンと当局の激しいせめぎ合いが続いている。

二〇一八年一一月一〇日、首都テヘランのアザディ競技場で、アジアのサッカークラブの頂点を決めるイラン代表ペルセポリスと日本代表・鹿島アントラーズの試合が行われた。注目を集めたのは、ピッチだけではない。イラン国内において、男子サッカーの国際的な公式試合としては約四〇年ぶりにイラン人女性の観戦が認められ、スタンドにも視線が集中した。

約一〇万人収容の競技場の一角に、約一〇〇〇人の女性専用席が設けられた。ピッチ際からスタンド後方まで、専用席はしっかりとフェンスで仕切られ、男女が行き来できないよう警備員が目を光らせている。会社員の女性（三六）は、フェンス越しに、「ずっとずっと、サッカーを生で見たいと思っていた。スタジアムで見られるなんて、夢のよう」と興奮した様子だった。

試合は、〇対〇で引き分け、前回の試合で勝利していた鹿島アントラーズが優勝するという、イラン国民にとっては残念な結果に終わった。それでも、翌日の地元紙は「イラン人女性の大勝利」との見出しで、イランの男女平等に向けた歴史的な一歩になったとして、試合を大きく報じた。

テヘランで開かれたサッカーのペルセポリス対鹿島アントラーズ戦を観戦し、声援を送る女性サポーター（水野翔太撮影）。

サッカーはイランで最も人気があるスポーツだ。代表チームは、ワールドカップに何度も出場し、アジアの強豪国として知られる。国際サッカー連盟（ＦＩＦＡ）ランキングでは、日本や韓国を抑えてアジア第一位となることも少なくない。欧州の有名プロリーグで活躍するイラン人選手も多く、核問題などを巡って欧州と対立する政府が運営する国営テレビでさえも、週末の欧州での試合は欠かさずに放映するほどだ。

しかしイランでは、異性のスポーツを自由に競技場で観戦することが原則禁止されている。一九七九年のイラン革命で親米王政を打倒し、権力を握ったイスラム法学者らが、「男女が一緒に集えば公序良俗に反する」と考えたためだ。

革命から四〇年以上の歳月がたち、バスケットやバレーボールといったスポーツでは男女一緒の観戦も徐々に認められるようになってきたが、国民的スポーツのサッカーだけは厳しい観戦規制が敷かれている。人気のあるサッカーで規制を厳格に適用することで、国民の引き締めを図っているとの見方がある。

それでも、革命後に生まれた若い世代が人口の約七割を占め、社会の中で若者の存在感が増す中で、指導部が「女性のサッカースタジアムへの入場禁止」という方針を維持し続けるのは難しくなっている。インターネット上には女性の入場を求める投稿が相次ぐ。ひげを付け、股間にパッドを入れる男装で競技場に入ろうとする女性もいる。イラン大統領府によると、国際サッカー連盟のインファンティノ会長は二〇一八年三月、イランのロハニ大統領とテヘランで会談し、「イラン国民は競技場で自国の代表チームを応援する権利がある」と述べ、女性のサッカー観戦を許可するよう求めた。これを受け、イラン政府は六月、イラン代表戦のパブリックビューイング（ＰＶ）会場に女性が入場することを認めた。さらに、一〇月にアザディ競技場で行われたイラン代表の国際親善試合で、女子サッカー選手や出場選手の家族ら約二〇〇人の観戦を許可し、今回の女性のサッカー観戦につながった。

もっとも、地元メディアからは、ＦＩＦＡ傘下組織が今回のアザディ競技場での決勝戦について、イランで開催する条件に女性の入場許可を挙げ、認められなければ第三国で開催するとイラン側に通告していたとの報道が出ている。

見えない自由化

しかし、規制が完全に撤廃されたわけではない。

二〇一九年一〇月、アザディ競技場で男子サッカーの代表戦が行われ、イラン指導部はこの試合でも女性ファンの観戦を認めた(4)。競技場のゲート周辺では、赤、白、緑のイラン国旗の色を頬に塗り、満面の笑みを浮かべてラッパを吹きながら競技場に向かう女性たちの姿があった。

その脇で、縁石に座ってうつむいている女子大学生ファエゼさん(二〇)がいた。インターネットでチケットを買おうとしたが、女性席として用意された三五〇〇枚は数分で売り切れてしまった。諦めきれないファエゼさんは、チケットを譲ってくれる人を競技場周辺で探したが、結局見つからず、疲れ果ててしまったのだ。

「一〇万人のスタジアムに三五〇〇席なんて。少なすぎるわよ」、ファエゼさんは今にも泣き出しそうな顔で話した。

試合は国営テレビが中継した。格下のカンボジア相手の試合は男性サポーターには人気がなく、観客席はがらがら。そんな中、女性専用席だけが満席だった。指導部が女性たちの欲求不満のガス抜き

(4) 競技場での女性によるスポーツ観戦への賛否
イランの政府系機関ISPAが二〇一七年、男女計一〇三一人に質問したところ、賛成は六一・一%、反対は三六・四%、無回答は二・五%であった。

を図ると同時に、「今日だけは特別だ。ここがイラン・イスラム共和国であることを忘れるな」というメッセージを伝えるため、あえて人気のない試合を女性観戦の「特例」として選んだとの見方が出ている。

国営テレビは、スタジアムで懸命に応援している女性たちを大きく取り上げずに放送しているように見えた。「私もスタジアムに入れて。私もサッカーを生で見たい」。テレビの前の女性サッカーファンに、そういう気持ちを抱かせないようにするために配慮したとの意見もある。

競技場に冠した「アザディ」はペルシャ語で「自由」を意味する。女性が自由にサッカーを観戦できる日はまだ見えない。

第四章　少数派の苦悩

1　欧州　移民排除の高まり（オーストリア）

「母国に帰れ」

オーストリアの首都ウィーンの図書館。イスラム教徒のヌルエルフダ・ケリフィさん（二五）が数人がけのテーブルで新聞を読んでいると、突然、女がつばをかけてきた。あっけにとられているうちに、女は走り去った。周りの利用者は、みな、見て見ぬふりをした。

後日、周辺の人の話から、女がイスラム教徒に強い偏見を持つ排他主義者として、地元では有名な人物であることを知った。女は、ヌルエルフダさんがヘジャブ（頭髪を隠すスカーフ）をかぶっていたため、敵意を持ったようだった。ウィーンで生まれ育ったヌルエルフダさんにとっては、屈辱的な嫌がらせだった。

ヌルエルフダさんの両親はチュニジアからの移民で、二人とも教師だ。ヌルエルフダさんと二人の

ウィーンの街角を歩くヌルエルフダさん。冷たい視線を感じてもヘジャブは脱がないという（水野翔太撮影）。

きょうだいを含め、一家は全員、アラビア語だけでなくドイツ語も流暢に話す。移民二世のヌルエルフダさんは、地元の大学を卒業し、現在も生物学を研究する傍ら、フリーランスのジャーナリストとしても活動している。「イスラム系住民に対する偏見は、オーストリアで日増しに高まっている」と感じている。

実際、イスラム教徒への嫌がらせは増加している。イスラム教徒の権利保護を訴えるウィーンの民間団体によると、オーストリアのイスラム教徒に対する嫌がらせは二〇一五年には一五六件だったが、一八年にはその三倍を超える五四〇件となった。五四〇件の内訳をみると、約八割が女性に対するもので、この団体は「女性は身なりでイスラム教徒とわかるので、差別を受けやすい」と分析している。ウィーンの公共プールでは一八年一月、全身を覆うイスラム教徒の女性向け水着「ブルキニ」を来た若い女性に対し、年配の女性が「不潔だ。この豚、ふしだら女め」と罵声を浴びせた。一八年三月には、ウィーンのショッピングセンターで一四歳の女子生徒が身につけていたヘジャブを若い三人組の女に破られる暴力的な事件も起きた。

ヌルエルフダさん自身も、インターネットのニュースサイトに記事を書くと、「オーストリアに住む資格はない。母国に帰れ」といった激しい言葉の暴力を受けるようになった。「不法移民に間違えられ、通報などされないか」。そんな恐怖もあり、取材に出かける時はパスポートを携行することを決めた。

反イスラムを政治利用

オーストリアでイスラム教は、キリスト教カトリック、プロテスタントと同じ「公認宗教」に位置付けられる。そこには歴史的な背景がある。一九世紀後半、オーストリア・ハンガリー帝国がオスマントルコ帝国からバルカン半島のボスニア・ヘルツェゴビナの支配権を奪い、オスマン帝国下にあった多数のイスラム教徒を国民として迎えた。一九一二年にはイスラム教徒の信仰を保護し、社会的な融和を進める方針が法制化された。オーストリアは、キリスト教徒が圧倒的に多い欧州の中でも、異なる宗教と共存する模範例として知られてきた。

その寛容さに大きな影を落としたのが、二〇一五年の「欧州難民危機」だ。内戦下のシリアなど中東やアフリカからアラブ系難民が押し寄せ、多くを受け入れたオーストリアでは、イスラム教徒を中心とした難民・移民が人口の七％を占めるようになった。イスラム教徒の人口に占める割合は〇一年には四％に過ぎなかった。彼らの流入で、治安や就労環境が悪くなり、雇用を奪われ、福祉財源が圧迫されると考える人が反発を強めた。

二〇一七年五月に中道右派・国民党の党首に就いたセバスティアン・クルツ氏は、全身を覆うイスラム教徒の衣服ブルカを想定した「覆面禁止法」の制定に乗り出し、厳格な難民・移民政策を掲げて支持を拡大させた。一〇月の下院選で国民党が第一党となり、極右・自由党と連立してクルツ内閣が発足した。一八年一一月には、幼稚園で子供たちのヘジャブ着用を禁止した。

イスラム教徒の生活に詳しいウィーン大学のアンドレア・レナハルトマン教授は「オーストリアにはヘジャブを身につけている幼稚園児はほとんどいない。クルツ氏は国民の支持を得るためだけに、反イスラム的な政策を進めた」と批判する。ヌルエルフダさんも「過去のクルツ氏はもっとイスラム教徒に寛容だった。しかし、現在は、少数派のイスラム教徒から普通の暮らしを奪おうとしている。危険な政権だ」と憤る。

クルツ政権の反イスラム政策は、効果を十分に検討していないとの批判がある。ブルカを身につけていた人は国内で二〇〇人程度に過ぎないが、法律施行により、オートバイ利用者が防寒用のマスクを頭にかぶることが出来なくなったり、イベントスタッフがぬいぐるみを着られなくなったりするといった不満が出ている。

「差別だ」

イスラム教徒への不寛容は、オーストリアだけではない。英BBCなどによると、ドイツ、フランス、ベルギー、オランダ、イタリア、スペイン、デンマークでも、女性が公の場でブルカやニカブを着用して顔を覆うことを規制している。フランスでは二〇一六年、イスラム教徒のブルキニの着用を禁止する自治体が相次ぎ、「差別だ」とするイスラム教徒らとの間で大論争が起きた。

そうした風潮の中で、ヌルエルフダさんも一時、ヘジャブの着用をやめようかと思い悩んだことがある。しかし、「ヘジャブは私に力を与えてくれる。胸は大きく、顔は美しく。女性はそうあるべきだという社会の偏見から私を解放してくれる。絶対に手放さない」と考えるようになった。

――欧州でイスラム教徒の女性が少数派の悲哀を味わっていた時、エジプトでは、女性裁判官の卵が多数派の男性の中に割って入ろうとしていた。

2 裁判官へ狭き門　能力劣るのか（エジプト）

「女性は受け付けない」

「国家は司法機関で女性が任命される権利を保障する」。カイロの大学補助教員オムニアさん（二八）は、エジプト憲法一一条の条文を読み上げた。そして、こう怒りをぶちまけた。「それなのに、女性は裁判所に応募すらできない。おかしいでしょ?」

六年前、エジプトの名門アズハル大学法学部を女性一〇〇人中で二番目の成績で卒業した。専門はイスラム法。「司法を通じて公平な国を作りたい」という夢を持ち、裁判官を目指して勉学に励んだ。ところが、裁判所の採用試験の応募書類を取りに行くと、窓口で「女性は受け付けていない」と追い返された。

カイロの裁判所前で、女性裁判官の必要性を訴えるオムニアさん（倉茂由美子撮影）。

オムニアさんは、女性が裁判官になれないのは違憲だとして、応募の受け付けを求める裁判を起こした。二年前に出た最高行政裁判所の判決は「採用を決めるのは司法機関の権限」との判断を示し、オムニアさんは敗訴した。

「憲法には、あんなにはっきりと書いてある。違憲は明白だ」と立腹するが、敗訴するのは想定内の結果でもあった。なぜなら、この訴訟で被告となったのは、行政裁判所を統括する司法機関「国家評議会」で、「自らの組織に違憲判決を出すわけがない」からだ。通常、合憲か違憲かを争う訴訟は憲法裁判所で行われるが、オムニアさんの訴訟はなぜか行政裁判所で行われ、しかも一、二審を飛ばしていきなり最高行政裁判所で行われるという異例の展開だった。「結果ありきで、司法制度までゆがめられている」。オムニアさんはあきれた。

「生理中ボーッと」女性無理説

エジプトやサウジアラビアなどでは原則、女性は裁判官や検察官への採用が認められていない。根拠の一つとされるのが、イスラム教の預言者ムハンマドが「女性は知性に欠ける」と発言したと、言行録（ハディース）で伝えられていることだ。宗教指導者の一部はこのくだりについて、「女性は男性に比べて物忘れをし、物事に影響されやすく、感情的である」と解釈する。

エジプト北部の刑事裁判所の男性裁判官（六四）は、「女性は生理中、ボーッとするし、遺体の写真など凄惨な証拠も見られない。女性には無理だ」と言い切る。さらに、「生理用品を替えるために法廷を中断することは許されない」「法廷は朝から晩まで開かれる。育児や家事がある女性には勤まらない」「男性裁判官と密室で打ち合わせをする機会もある。これはハラーム（禁忌）だ」。女性裁判官の反対を正当化する主張は止まらない。別の男性裁判官も、「女性裁判官が出産や育児で休暇に入れば、担当していた裁判を最初からやり直す羽目になる」と加勢した。

男性裁判官らの主張に対し、「全く的外れだ」と怒り心頭なのがカイロの女性団体代表ホダ・バドランさん（七八）だ。生理を理由とした意見については、「男性だって下痢になるし、高齢の裁判官はトイレが近い」と反論する。男女が密室で仕事をすることについては、「男がセクハラをするから悪い」と一蹴する。「今や女性は医師にも弁護士にも、国会議員にもなれる。法学部を卒業した女性が、裁判官になれないのは筋が通らない。言いがかりも同然だ」と痛烈に批判した。

実は、イスラム教スンニ派の最高権威アズハル機関（カイロ）は二〇〇二年、すでに「聖典コーランには、女性が裁判官に就くことを禁じる記述はない」との見解を示している。にもかかわらず、女性が排除され続けている理由について、ホダさんは、縁故主義があるとみる。裁判官ポストの多くは、裁判官OBの息子らが占めているといい、「コネ社会のエジプトそのものだ」と話す。新参者の女性法曹家は蚊帳の外に置かれるというわけだ。

その結果として、ホダさんが問題視するのが、「中東の裁判では、女性に不利な判決が出る傾向がある」ことだ。レイプ事件では、被害者女性の服装や行動に問題があったとの事実認定で、被告の量刑が軽くなったり、無罪になったりするケースがある。若い男三人が、女性に性的暴行をして心臓発作で死亡させた事件では、「女性は元々病気で、遅かれ早かれ死亡した」「青年たちに重い刑を言い渡せば、将来をつぶすことになる」などとの酌量で、判決は禁錮半年に過ぎず、未決勾留日数を充てて、男をそのまま釈放した例もあったという。自宅に押し入り、刃物で脅して性的暴行をしようとした男を殺害した女性には、終身刑が言い渡された事件もあった。

嫌みに負けず名裁き

エジプトでは近年、通常の裁判官採用とは異なるルートで、司法機関の職員ら約六〇人の女性が臨時に裁判官に任命された。女性裁判官が認められていないことに対する国際的な批判をかわす狙いだったようだ。それでも、約一万七〇〇〇人に上る全裁判官の中では一％にも満たない。

その一人で、公務員の懲戒処分などを扱う行政官から二〇〇九年に裁判官になったレイラさん（仮名、四〇）は、「女は判決の書き方が下手だ」と同僚の男性裁判官に嫌みを言われながら、仕事に打ち込んできた。通常、裁判官になるには検事を一定年数経験したことが要件となるが、女性は検事にもなれないため、こうした経験を積んでいない。「いきなり裁判官になったのだから仕方がないでしょ！」と言い返したいのをこらえ、「仕事で見返す」と努力を続けてきた。

数年後、レイラさんの「名裁き」は評判になり始める。きっかけはある離婚訴訟だった。妻の浮気を疑った夫による暴力が原因で、妻が離婚を求めていたのだが、夫は離婚に応じず、妻と子供を引き離していた。エジプトではよくある離婚訴訟で、これまでの男性裁判官による裁判であれば、妻に不貞行為があったと結論付けて、男性に有利な判断が下される傾向が強かったという。

だが、レイラさんは違った。「この夫婦間には、きっと大きな誤解がある」と感じ、丁寧に双方の主張を聞き、証言や証拠から状況を整理していった。やがて夫は、「妻の浮気は、自分の勘違いだった」と認め、夫婦仲は修復されたという。「男性裁判官は、早く処理することを重視する」と言われる家事裁判で、レイラさんが約一年にわたって粘り強く審理を継続したのは、「この家族にとって一番良い選択に導きたい」と考えたからだ。夫婦の争いのはざまで、犠牲になる子供たちの顔も脳裏に浮かんだ。自らも二児の母親だからこそ、真剣味も増した。調停後、「裁判官があなたで良かった。ありがとうございました」と夫妻に感謝されたことが忘れられない。こうした手腕が評価され、レイラさんは最近昇格し、家事事件以外も扱うようになった。給与も上がった。

仕事を終え、家庭に帰ればレイラさんも母親の顔に戻る。些細な事で毎日のように起こる兄弟げんかの「仲裁」に追われる。泣いたりわめいたりする二人を冷静にさせ、言い分を聞き、原因は何で、どちらが悪かったのか判断する。そして、謝って仲直りさせる――。裁判官の仕事を始めて、家庭内を平和に切り盛りする母親の役割は、まさに裁判官の仕事に似ていると気付いたという。レイラさんは「やっぱり、女性は裁判官に向いているわ」と笑った。

3　女性の証言　二人で「男一人分」（エジプト）

殺人目撃「信じてもらえない」

「確かに、この目で殺人現場を見ました。間違いありません」。エジプト北部の農村にある裁判所で、主婦サフィヤさん（仮名、四五）が神妙な様子で訴えた。数年前のある朝に起こった衝撃的な事件で、たった一人の目撃者だった。だが、サフィヤさんの証言は裁判で認められなかった。理由は女性だからだという。「どうして信じてくれないの……」と唇をかんだ。

サフィヤさんの証言内容はこうだった。

〈いつものように朝五時に起き、自宅の屋上で飼っているニワトリに餌をやりに行きました。その後、掃き掃除をしていると、言い争う声が聞こえてきたんです。声が聞こえてきたのは、畑を挟んだ隣の農家でした。私の自宅は四階建てで、隣の家は二階建て。一部始終が見下ろせました。数人の男女が、一人の男性に暴行を加えていました。顔も見えました。殴られている男性は、その家の娘が離婚したばかりの元夫ムスタファさん（仮名）でした。暴行を加えているのは隣の家族らでした。家族はムスタファさんを取り囲んで隅に追い詰め、一人が大きなナイフを振り上げました。「あーーー！」。

男性の叫び声が聞こえ、その後、静かになりました〉

目撃から数日後、サフィヤさんはテレビのニュースを見て、血の気が引いた。ムスタファさんの切断された遺体が、近所の水路から発見されたというのだ。「やっぱり殺されていたんだ」。サフィヤさんはすぐに、地元の警察に駆け込み、刑事に告げた。「私、見たんです！」。

サフィヤさんの目撃情報で、隣の農家の住人が犯人として浮上した。さらにムスタファさんとの間で離婚を巡りトラブルを抱えていたことも明らかになった。しばらくして、隣の家の娘の父親らが殺人容疑などで逮捕された。

だが、裁判で被告となった父親らは事件への関与を否認した。裁判官は、サフィヤさんの証言では不十分だとして採用せず、「女性だから、もう一人証言が必要だ」と注文を付けた。被告の父親らは保釈され、新たな目撃者は見つからず、審理は止まったままだという。サフィヤさんは言う。「あの時間、私以外にあの家を見られる人なんて誰もいなかった」。

具体性のあるサフィヤさんの証言が「不十分」とされたのは、イスラム教のコーラン第二章「牝牛」の二八二節がこう記すことに関係がある。「男が二人、証人として立ち会うこと。男二人でないときは、男一人に女二人、自分でこれならと思う人を証人にして、女のどちらか一人がもし間違ったりしたら、もう一人の方が注意してやれるようにする」。女性の記憶は男性に比べて曖昧なため、二人で補い合って、男性一人分の証言に等しいという意味だ。

預言者ムハンマドが生きた七世紀の時代には、女性は生理や出産など体調によって、十分に思考できない状況に陥ることに配慮したと解釈されている。

隣家の父親らは保釈後、サフィヤさんに「証言は勘違いだったと裁判所に言え」と脅迫してきた。「殺人犯」の忠告に従わなければ、今度バラバラにされるのは自分かもしれない――。サフィヤさんは恐ろしくなり、それ以来、家にこもって生活せざるを得なくなった。だが、証言撤回は断固拒否した。サフィヤさんはあの日、自分だけが事件を目撃したのは、「大罪は裁かれなくてはいけない」という神の導きがあったのだと感じている。「私は、あんな重大な出来事をすぐに忘れるほどばかじゃない。もし私が男だったら彼らが死刑になり、女だから何の罪にも問われないというのはおかしい」と訴える。

「犯人」からの脅迫

こうした証言の価値の違いは、サウジやスーダンといった国々では全面的に適用される。一方、フランスなどの法律の影響を受けたエジプトやチュニジアでは、家族法など一部の分野で適用されるだけだ。そのため、サフィヤさんが証言した刑事事件では本来、証言は性差なく扱われるはずなのだが、実際の運用は異なるという。

刑事事件に詳しいカリーム・ガイス弁護士は、「女性の証人を用意しても、裁判官は『信用できない』と言って採用しない。だから、検察も弁護人も、最初から証人は男性だけを選ぶ」と明かした。法廷では、裁判官が女性の証人に対して、詰問するような態度を取り、証人の女性が緊張のあまり泣いてしまったり、パニックになって論理的に話せなくなったりすることもあるという。

北部マンスーラの会計士アイシャさん（仮名、二九）も、殺人事件の目撃者だ。ある晩、隣人の男性が殺害された。アイシャさんはその日の深夜、自宅のベランダに出て婚約者と長電話をしていると、隣の家から、近所の肉屋の主人が出てくるのを見た。服は赤く染まっていた。

アイシャさんは警察に通報し、肉屋の主人は逮捕された。アイシャさんは裁判で、この晩の目撃情報に加え、二人はかねてトラブルを抱えており、以前も路上で言い争いをしていたことを証言した。だが、裁判官は「殺人事件のような重大犯罪で、女性一人の証言は認めない」と採用せず、もう一人の証人を求めた。

アイシャさんの元にも、保釈された肉屋の主人がやって来て、「お前の証言はどうせ信用されない。恥をかくだけだ。もう二度と証言するな」と脅した。アイシャさんは屈しなかったが、「女性の証言が軽んじられて、犯罪者が適正に罰せられない結果、危険な目に遭わされるのは女性だ」と裁判官を批判した。

こうした状況に、女性法律支援団体のアッザ・ソレイマン弁護士（五二）は、「コーランの記述は変えられないが、イ

カイロで「女性の証言の価値は男性と同じであるべき」と訴えるアッザ弁護士（倉茂由美子撮影）。

スラム法は、時代にあわせて解釈し直すべきだ」と主張する。夫婦間の暴力や離婚など家庭内の問題を多く扱ってきた経験から、証言の重みの不公平さは、裁判の当事者となる女性にとっても重大な問題だと指摘する。

特に、男女間での訴訟では、男性には男性の証人、女性には女性の証人が付く傾向があり、その場合、女性は男性の倍の人数の証人を集めなければならないことになる。プライベートな空間で起きた問題が争点となる場合、「証人を確保できず、敗訴する女性は多い」と指摘する。そのため、女性は証言に頼らない法廷戦術をとらざるを得ない。

アッザ弁護士は、「私はイスラム教徒としてコーランも、預言者も愛している」と前置きした上で、「現代は七世紀ではない。女性も教育を受け、男性と同じように働く。司法の場で男女は平等に扱われるべきだ」と訴える。

「うそつきは男」

証言が認められないせいで、自らも「犯罪行為」に巻き込まれている女性もいる。

カイロの主婦ハネムさん（五二）は二〇一八年、いとこと共同で所有していた宅地を六〇万エジプト・ポンド（約三六〇万円）で男性に売却した。だが、男性は登記を済ませる前に急死してしまった。すると、いとこは「売却した事実はない」とうそを言い始め、男性の遺族が所有権を巡り訴訟を起こした。契約に立ち会っていたハネムさんは、正直に「確かに売却し、私は半分の三〇万ポンドを受け取った。そのお金でアパートを購入した」と証言したが、裁判官は「女性一人の証言は、もう一人いないと認められない」と裁定した。

契約の場にいたのは、ハネムさんだけで、もう一人証人を連れてくることは不可能だ。このままでは、男性であるいとこの主張が通ってしまう。遺族にとってあまりに理不尽なだけでなく、自身も「詐欺行為」に加担することになる。ハネムさんは、「男性の方が信用できるとなぜ言えるのか。うそをつくのはだいたい男の方よ！」と息巻いた。

4　日本から　改宗した大和撫子（ヨルダン）

結婚で厳格なイスラム教徒に

イスラム世界の少数派には、日本人女性も存在する。日本を出て、敬虔なイスラム教徒に転じた。ヘジャブ（頭髪を隠すスカーフ）をかぶり、毎日五回の礼拝は欠かさず行う。イスラム教の戒律で禁じている豚肉は食べず、アルコールも飲まない。

ヨルダンの首都アンマンに住む紀子さん（仮名、四九歳）は一六年前、イスラム教徒に改宗した。イスラム教に興味があったわけではなかった。好きになって結婚した男性がイスラム教徒だったからだ。

イスラム教のコーラン第二章「牝牛」には、「邪宗徒の女をめとることはならぬ、彼女らが信者になるまでは。信仰ある女奴隷の方が（自由身分の）邪宗徒の女にまさる、たとえ汝らその女がいかほど気に入っても。また汝ら、女どもも邪宗徒の男の嫁になるでないぞ、相手が信者になるまでは。信仰ある奴隷の方が、邪宗徒の男にまさる、たとえ汝らその男がいかほど気に入ろうとも。彼らは汝らを地獄の劫火《ごうか》に誘う」と記す。

邪宗とは中東の三大宗教（イスラム教、キリスト教、ユダヤ教）以外の宗教を指す。イスラム教徒の男性と結婚する場合、女性はこの三つの宗教のいずれかに改宗する必要があるが、イスラム諸国では同じイスラム教徒に改宗を求めるケースがほとんどだ。

紀子さんはそれまで、強いて挙げれば仏教徒だった。「特別な信仰があったわけではなく、お盆に墓参りに行き、葬儀ではお寺の住職を呼ぶといった、ごく普通の日本人家庭に生まれ育った」。

ただ一方でイスラム教について無知だったわけではない。大学時代に古代エジプト史を専攻し、卒業旅行でエジプトの首都カイロを訪れたことがある。

卒業後は都内の広告代理店に就職したが、仕事を終えた後、東京・新宿にある語学学校でアラビア語を学んだ。卒業旅行の際、アラビア語でコミュニケーションがとれず、悔しい思いをしたことがきっかけだった。その後、アラビア語にのめり込むようになり、会社勤めをして三年がたつ頃、仕事を辞めてカイロで一年間、語学留学することを決意した。

カイロから帰国後、留学経験を生かすため都内のアラビア語の翻訳会社に就職した。この会社を経営していたのが今の夫だ。

一緒に仕事をするうちに、「リスクを回避しようとする日本社会の中で、失敗を恐れず、問題に直面しても前に進む強さや柔軟さに惹かれた」。入社三年目にお互いを結婚相手として意識するようになった時、「改宗できるか?」と聞かれ、イスラム教について学ぶようになったという。

イスラム教については当初、女性の地位が低く、虐げられるイメージを持っていたという。しかし、学んでいくうちに、「女性を守ることがイスラム教の本質だ」と感じるようになり、結婚に向けて改宗することを決めた(5)。

両親に改宗することを打ち明けた時、厳しかった父は「自分が決めたことなら」と快諾してくれた。結婚後、長女が生まれたことをきっかけに、日本で子育てをしていく難しさを感じるようになった。日本の学校に進学すれば、宗教上、給食で豚肉や料理酒を使ったメニューを食べられないといった多くの問題に直面するためだ。

(5) イスラム教の改宗までの正式な流れ
改宗を決意すると、モスクなどで二人のイスラム教徒の前で信仰告白(シャハーダ)を行う。「アシュハドゥ アン ラー イラーハ イッラッラー ワ アシュハドゥ アンナ ムハンマダン ラスールッラー」(アッラーのほかに神はなく、ムハンマドはアッラーの使徒だということを私は証言します)と唱える。洗礼や寄付などはない。改宗後は、宗教機関などで入信証明書を取得できる。イスラム教徒は原則改宗はできないとされる。イスラム教から他宗教への改宗は極めて危険なことで、イスラム諸国では棄教者は死刑と定めている国もある。

結果として、夫の実家があるアンマンに移住し、一四年がたつ。三人の子供に恵まれ、長女は一五歳になった。

「日本人の中にはイスラム教と聞くと、テロや過激派という悪いイメージを持つ人がいるけど、イスラム教の本質的な教えは相手を敬い、家族を大切にすること。だからここでは、お互いを大切にする文化があって、犯罪も少ない。もちろん不便なことも多いけど、安全だし、ストレスのない暮らしができている。改宗し移住したことで、居心地の良い生活を手に入れることができたと思っている」と話した。

信徒の中で世俗的な生き方

一方、改宗してイスラム教徒の男性と結婚した後も、世俗的な生活を続ける日本人女性もいる。三五年前にヨルダン人男性と結婚し、アンマンに移住した絵美子さん（仮名、六七歳）だ。長崎市で生まれ育ち、就職後は市内の家電卸会社で経理を担当していた。入社して一〇年が過ぎた頃、会社帰りに同僚とたまたま寄った喫茶店で、男性に声をかけられた。

ヨルダンからの留学生で、日本語があまり分からないので市内を案内してほしいと頼まれた。後に夫となった男性だ。「ヨルダンってどこにあるのだろうか……」。中東と聞いて、怪しいとも感じたが、街を案内するうちに、「誠実さや優しさに惹かれる」ようになり、三か月後には付き合うようになった。ただ、男性は数か月後のヨルダンへの帰国が決まっていた。結婚の話にもなったが、「遠い国だし、宗教も習慣も違う。結婚はやめておこう」と決めていた。

男性が帰国して間もなく、自宅に手紙が届いた。男性からだった。「ヨルダンに来て、結婚してほしい」。手紙にはこう書かれていた。突然のプロポーズに一瞬、困惑した。海外に行ったことがなく、中東もイスラム圏の文化も何も知らなかった。アラビア語はもちろん、英語もできなかった。

しかし、絵美子さんはこの時、三〇歳を過ぎていて「婚期を逃し、もう結婚のチャンスはないと諦めていた時だった。これが最後のチャンスなのかも知れないと思った」という。結局、「ヨルダンに向かおう」と決めた。

両親に結婚する意志を伝えたが、「相手は外国人だし、場所が遠すぎる」と反対された。だが、母親の姉が「好きな人なら、どこへでもついて行くべきだ」と両親を説得し、後押ししてくれた。

プロポーズから三か月後、ヨルダン行きの機内にいた。「とにかく勢いで飛行機に乗った」。初めての国際線で、タイの首都バンコクの空港での乗り換え方法が分からず、言葉も通じずに「日本を出て何もできない自分に初めて心が折れた」と振り返る。周囲の助けもあって、何とかアンマンの空港に到着し、男性の姿を見た時、「心の底から安心することができた」という。

それから間もなく、アンマン市内のモスク（イスラム教の礼拝所）を訪れた。モスクにはイマーム（イスラム教指導者）が待っていた。直前に男性から、「何を聞かれても『はい』と答えるんだよ」と言われた。

それから、指導者は信仰告白（シャハーダ）という改宗の時に唱える一節をアラビア語でゆっくり読み上げ、絵美子さんに続くよう促した。

自宅に戻った後、恵美子さんは「さっきのは何だったの？」と聞くと、男性は「これで君はイスラム教徒になったんだよ」と笑顔で返し、初めて自分が改宗したことを知ったという。その後、婚姻届を提出した。

夫の家族や親族は皆、ヘジャブを着る敬虔なイスラム教徒だった。だが、家族からは「あなたは敬虔なイスラム教徒になる必要はない。これまでの通りに生活していれば大丈夫」と言われた。世俗的な生き方に陰口を言われたこともあったが、周囲から直接指弾されることはなかった。

ただ、言葉も分からず、自宅で過ごすことが多く、日本を恋しく思うこともあった。夫は大学で教べんをとっていたが、「給料が安くて、日本行きの航空券を買えるほど余裕はなかった」という。

里帰りしたのは、結婚から一三年後だった。久々の日本に心が弾んだが、ヨルダンで生まれ育った子ども四人にとって日本は「異国だった」。子どもが日本の食事や習慣になじめず、子育てにはやはりヨルダンが良いと感じたという。

四年前、約三〇年連れ添った夫が病気で亡くなった。子どもも巣立っていき、寂しさを感じることが増えた。このため、三年前に二度目の一時帰国をした。約二〇年ぶりだった。

古里に戻ると、昔の面影はなく景色は様変わりしていた。「まるで浦島太郎になった気分だった」と振り返る。「自分の生活はここにはない。私の居場所はアンマンなんだ」と感じたという。

今は時々、「なんで、こんなところまであの人に付いてきてしまったのだろう」と思うこともある。だが、イスラム教が根付く社会での生活に息苦しさは感じないという。逆に敬虔なイスラム教徒でなくても、受け入れてくれる懐の深さに居心地の良さを感じることが多くなった。「夫と出会うまでは縁もゆかりもない遠い異国で改宗して生涯を過ごすなんて想像すらしていなかった。本当に人生は何があるか分からないと、つくづく思う。でも、自分で決めた人生、後悔はしていない」と話した。

5　性別適合手術　女の体で死にたい（トルコ）

「お前は家族の恥だ」

「ここ、本当にもう無いのよ。触って確かめてみる？」。トルコの最大都市イスタンブールの喫茶店で、隣国イラン出身のレイラさん（仮名、四三）は自分の股間を指さし、笑った。レイラさんは元々男性だったが、イランで二〇歳の時に性別適合手術を受け、今は体も戸籍上も女性になった。肩まで伸ばした髪の毛先をいじりながら、「仕事も、家も、家族もない。でも私には女の体がある。それだけで十分幸せよ」と穏やかな表情を浮かべた。

イスラム教では、同性愛が厳しく禁止される一方、性別適合手術を巡っては、国によって対応が分かれる。エジプトやサウジなどは「神が与えた性別を、人間が勝手に変えてはならない」として手術を禁止し、性器の異常といった病気の治療以外での手術を認めていない。一方、イランやトルコでは、医療機関で「性同一性障害」と診断されたことなどを条件に、手術が認められ、手術費用を国が補助することもある。こちらは、「神が与えた本来の正しい性別に戻す」という考え方に基づく。

だが、手術を受けて性別を変えた人に社会からの差別が厳しいのは、どこでも同じだ。

イランに住んでいたレイラさんは幼い頃から、自分は女だと思って育った。一〇歳くらいからこっそり母親の口紅を塗ったりアイラインを引いたりするのが好きだった。自然と女っぽい言葉遣いや振る舞いをするようになり、兄弟らにからかわれ、暴力をふるわれてきた。

一二歳の頃、近所に住んでいた六歳上の男の子と仲良くなった。家族の留守中、化粧をした状態で男の子と体を触り合っていた最中に母親が帰宅した。母親の悲鳴を聞いて駆けつけた父親は、「お前は家族の恥だ！」とどなり、レイラさんを殴り続けた。海まで引きずられていく間に気を失い、目が覚めたのは、漁師の家だった。浜辺に打ち上げられていたレイラさんを救助してくれたのだという。体のあちこちが骨折していた。父親が自分を海に遺棄し、殺そうとしたのだと分かった。

それからずっと、身を隠しながら、国内を転々としてきた。二〇歳の時、政府系の病院で「性同一性障害」と診断してもらい、性別適合手術を受けた。術後、感染症にかかって生死の境をさまよったが、もうろうとする意識の中、「やっと自分の体を手に入れた。これから本当の人生が始まるのよ」と自分を奮い立たせたという。

新しくつけた女性名には、「これからの人生は、自分の願いを叶えて笑って暮らせるように」と意味を込めた。ヘジャブ（頭髪を隠すスカーフ）やチャドル（黒色の全身を覆う衣服）――。こうした女性の服装をやっと着られるのがうれしかった。イランでは同性愛が禁止され、見つかれば死刑になる。レイラさんは性別が正式に女性になったことで、男性との交際もできるようになった。大失恋も経験したが、それも「女だからできる経験」と全てが喜びだった。

だが、仕事を見つけるのはいつも難しかった。ホルモン剤を投与していても、がっちりした体格のレイラさんにはどことなく男らしさが残る。「元男」だと分かると、解雇されてしまった。交際していた男性たちも、「君とは結婚できない。家族が反対する」と去っていった。

三年前、どこから聞きつけたのか、兄がレイラさんの居場所を探し出し、自宅のすぐ近くまで迫っていた。近所の友人が「そんな人見たことない」とごまかしてくれたが、「見つかれば、今度こそ本当に殺される」と思い、イランを出てトルコに逃げてきた。

トルコでは、国連から性的マイノリティー「LGBT（Lesbian, Gay, Bisexual, Transgender）」を理由に難民として認められ、月に七五〇リラ（約一万一二五〇円）の支援を得ている。だが、五〇〇リラの家賃と光熱費を払えば、ほとんど手元に残らない。HIV（ヒト免疫不全ウィルス）に感染しているが、病院に通うお金もなく、女性らしい体形を保つためのホルモン剤も買えなくなった。最近は、豊かだった胸もしぼみ、ひげも生え始めてきた。レイラさんは、「私、こう見えても少し前までは結構奇麗だったのよ。でもどんなにみすぼらしくても、惨めに思われても、女の体で死ねるなら、男として生きるよりはマシ」と語った。

「このまま家にいたら殺される」

モロッコ出身のエリッサさん（二〇）も一年前、母国からイスタンブールに逃れてきたトランスジェンダーの一人だ。エリッサは、トルコに来てから使い始めた名前で、本当の男性名は「男っぽくてごつい響きで、ずっと嫌いだった」。そう語る容姿は、本名とは反対にすらっとしたきゃしゃな体で、しなやかな黒い髪は腰付近まで伸び、妖艶な雰囲気が漂う。

モロッコ北部の農村で、五人兄弟の一番下に生まれた。「勉強なんて役に立たない」との父の考えで、学校には行ったことがない。だから、文字も読めない。朝から晩まで家族と一緒にジャガイモとオリーブ畑で働いた。早く大きくなって、畑で立派に力仕事ができるのが男の子に期待された役割だった。

だが、小さい頃からずっと男の子として扱われることに違和感を覚えてきた。兄たちと同じことが好きになれない。兄たちはサッカーをして遊ぶが、エリッサさんのお気に入りは、家の中で人形遊び。母親が化粧をするのを横で見ているのが好きだった。髪を短く切られるのも嫌で、床屋に連れて行かれそうになると隠れていた。

思春期になると、その違和感は一層強まった。近所の男の子たちが次々に声変わりを迎えるのに、エリッサさんの声は高いまま。かわいい女の子よりも、男の子に対して興味を持った。夢精も経験したことがなかった。「やっぱり私、男じゃない。女の子よ」と確信した。

一方で、いつまでもか細く、言動が女性らしいエリッサさんに、兄たちは「男らしくなれ」と厳しく当たった。父親は、「お前は体が弱いんだから無理するな」とかばってくれたが、一五歳の時に亡くなると、兄からの「指導」は一層厳しくなった。一七歳の時、一度だけ「僕、本当は女の子だと思うんだ」と家族に打ち明けたが、「そんなことを言うのはハラーム（禁忌）だ。神は、お前を男として誕生させたんだ」と一蹴された。

「指導」として、収穫したブドウを一杯に入れた重い箱を持たされ、落とすと殴られた。「女みたいな歩き方だ」と叱られては、兄たちに代わる代わる暴力をふるわれ、次第にエスカレートしていった。

「これで逃げなさい。このままこの家にいたら殺されるわ」。一九歳のある日、母親がエリッサさんに、「全財産」の七〇〇〇ディルハム（約七万円）をこっそり手渡し、こう言った。エリッサさんの農村では、「女に発言権はなかった」といい、たとえ母親でも、「家長」の兄には意見できず、エリッサさんが暴力をふるわれるのを止めることができなかったという。

「あなたが女の子なのか男の子なのか、私にはよく分からない。だけど、とにかく生きてほしいの」。母親はそう言って、エリッサさんを静かに抱きしめた。

翌日、早朝の礼拝で家族が起きる前に、荷物をまとめて家を出た。母親の寝顔に「ありがとう。行ってきます」とキスをした。寝ているように見えた母親は、目を閉じたまま、「二度と戻って来ちゃ駄目よ」とだけ言った。目元には涙が光っていた。

そこから、「冒険」が始まった。何しろ、エリッサさんが一人で村を出るのは初めてだった。「この国にいては、いつか兄たちに居場所を突き止められる」と国外に行くと決めた。パスポートを取得するため、朝一番のバスで、最大都市のカサブランカに向かったが、文字の読み書きができないエリッサさんは、何をするにも一苦労だった。街中の看板も、書類も、インターネットの情報も読めない。外国といっても、どこに行けば良いのか分からない。ただ、チケットが安く、ビザが不要というだけで、トルコを選んだ。

トルコでは所持金はすぐに底をついた。「女性」と言って、カフェでウェートレスのアルバイトを始めたが、しばらくすると店長の男性に交際を迫られた。無理やり体を触られ、エリッサさんが男の体だと分かると、その場でクビになった。

路頭に迷い、サウジ人など湾岸諸国から観光に来たアラブ人男性たちを相手に売春をするようになった。化粧は、目抜き通りの化粧品店を回り、お金をかけないため、置いてある見本品で済ませる。売春では、過激な行為を求められる事もあったが、笑顔で耐えた。「どんな手段を使ってでも女として生きて、母親にもう一度会いたい」という夢があったからだ。

約一〇か月後には、国連からトランスジェンダーを理由に難民に認定された。十分ではないが、月七五〇リラ（約一万二二五〇円）の支援をもらえるようになった。第三国への移住の手続きも進み、移住先での性別適合手術も、無料で受けられることになった。「やっと、女性の体になれる」。暗闇が続いていた人生に、初めて明るい光が差し込んだようだった。

だが、突然悲しい知らせが舞い込んできた。ひそかに連絡を取っていたモロッコのいとこから、母親が病で亡くなったと聞かされたのだ。来る日も来る日も泣き、「私が苦労をかけたせいだ」と自分を責め続けたという。

やっと最近、ベリーダンサーになるという新しい目標を見つけて、前を向くことができるようになった。見よう見まねで、薄いスカーフを巻いて腰をくねらせる動きは様になってきた。今生の別れを覚悟して母が与えてくれた「女として生きる道」をしっかり歩みたいと決意している。

自分を「男の子だ」と思ってきた

一方で、女性から男性になることを選ぶ人もいる。

宗教上の戒律に厳しいサウジでは二〇〇六年、少なくとも五人の女性が海外で性別を変更する手術を行って「男性」になったと報じられた。女性たちが手術に踏み切ったのは、男性優位のサウジ社会では、女性の権利が制約されており、男性になることでこうした抑圧から逃れようとしたことが一因とされる。

トルコ・イスタンブールの美容整形クリニックでは、トランスジェンダーのスタイリスト、ネスリハンさん（三二）がたばこを吹かしながら順番を待っていた。ショートヘアで、首や腕には多数のタトゥー（入れ墨）が入る。「ひげを植毛したら、ますます男前になるだろ」と言い、隣に座る交際相手の女性をぐいっと抱き寄せた。見た目や低い声はいかにも男性だが、体も戸籍上の性別も、今はまだ「女性」だ。

物心ついた時から自分を「男の子だ」と思ってきた。女の子っぽいことは全て苦手。親から与えられるレースが付いた服も、バービー人形も、全く興味を持てなかった。好きだったのは、ライフル銃や電車のおもちゃだった。

ずっと葛藤を抱えながら生きてきた中で、「それほど敬虔ではない」ものの、イスラム教徒として生きていく悩みは大きかった。「神よ、私が女ならば、どうか私に女性としての感情を与えてください」。礼拝の時には、いつもこう祈り続けてきた。だが、何も変化は起きなかった。むしろ、男として生きたい気持ちの方が日に日に強くなっていき、「お前は男だ」というのが神の答えなのだと受け止めた。三年前、SNSなどでトランスジェンダーを公表し、女として振る舞うことをやめた。「不信心者」と非難を浴びることもあるが、もう迷いはない。いずれ性別適合手術も受ける予定で、彼女との結婚も考えている。「好きな人と一緒に過ごして、好きな服を買って。他の人たちと同じように、ただ自分がしたいことをするだけだ。何も悪いことはしていない」と言い切った。

男性になる女性はほかにもいる。「自己紹介するね。これ、俺のID（身分証）」。イスタンブールに住むイベントオーガナイザーのポイラズさん（三二）は、身分証をおもむろに差し出した。短髪でひげを生やし、誰もが男性だと信じるいで立ちだが、身分証の性別欄には「F（女性）」と書かれている。こちらが戸惑った表情をすると、「期待していた反応をしてくれて、ありがとう」と笑った。

ポイラズさんは二〇一六年に、「男性」になる性別適合手術を受けたが、戸籍や身分証はあえて女性のままにし、初対面の相手に身分証を見せるようにしている。「『この人、女なの？』と驚いてもらえれば、性的マイノリティーの存在に関心を持ってもらうきっかけになる」と考えるからだ。

小さい頃から「自分は男の子」と思って育ってきた。小学校の頃はいつもボーイッシュな服装を好み、男子とサッカーをして遊んでいた。一三歳の頃には、近所に住む女の子に「初恋」をした。クラスの担任に、女の子のことが好きだと知られると、「うちの学校には置いておけない」と転校させられた。

それでも、学生のうちは「少しやんちゃな女の子」で済んだが、社会人になると、ビジネスの現場ではより「女性らしさ」を求められるようになった。身だしなみとして化粧は欠かさずし、スカートにハイヒールを履いた。社会で求められる女性像を演じることは、「終わりのない拷問だった」と振り返る。

「本当の自分の体を持とう」。そう考えるきっかけになったのは二〇一五年、イスラム過激派組織「イスラム国」によるテロが、トルコで相次いだことだ。突然無差別に起きるテロで、大勢の人の命が絶たれる惨状に、人生は死と隣り合わせだということに気が付いた。約一年かけて自分自身を見つめ直し、「自分が生きたいように生きる」と手術を決心した。

術後、両親に会いに行くと、「息子よ」と呼び、「お前は私たちの誇りだ」と抱きしめてくれた。複雑な心境だったはずだが、我が子が勇気を出して本当の自分を手に入れたことを迎え入れてくれる姿に胸が締め付けられ、涙が止まらなかった。会社の同僚にも、メールで手術を報告すると、多くの人が祝福のメールを返信し、名前には「Mr.」を付けてくれた。「思ったよりも、周りがスムーズに受け入れてくれた」と驚いた。

だが、手術を契機に、トランスジェンダーの人たちと交流するようになると、女性から男性になる人より、男性から女性になる人の方が、より差別や偏見にさらされていることが分かった。

社会生活は「男性の方が楽」

ポイラズさんのように、女性から男性になる場合は、同じ会社で勤務を続けられたり、家族や友人らからも受け入れられやすいが、男性から女性になる場合は、家族から見放され、職場を解雇されたり、新たな就職先が見つからなかったりして、困窮して男性相手の売春を行うしかない人も多い。その理由について、「中東の男性優位社会で、『元男』の異質な女性は、最底辺に位置づけられる。普通の女性でさえ抑圧されているのに、さらにその二、三倍の苦労を背負う」とみる。

ポイラズさんは術後、男性側として生活するようになって、「いかに男性の方が楽か」ということに気付いた。家族や客人に、気を利かせてお茶やコーヒーを出すことを求められなくなった。車の運転中に少しのろのろしていても、クラクションを鳴らされなくなった。男性客ばかりの喫茶店やレストランにも入れるようになった。どれも些細な事だが、社会はこうして少しずつ、男性に優位な状態になっているんだと実感した。

だから、将来結婚するまでは、戸籍上の性別は女性のままにしておく予定だ。「性の多様性にもっと寛容な社会になるために、自分ができる限りのことをしていくつもり」。低く優しい声でそう語った。

第五章　恋愛と婚活

1　処女膜手術　バージンに戻る（モロッコ、トルコ）

シーツに血は初夜の重圧

「結婚では女性だけがバージンを求められ、それを隠すために手術をしなきゃいけないなんて不公平よ」。モロッコの最大都市カサブランカに住むマリアさん（二六）がそう言って怒りを露わにした。三年前、見合いの直前に、「処女膜の再生手術」を受けた。偽名を使い、非合法の産婦人科を探した。姉に頼み込み、モロッコ人の平均月給の五倍の一五〇〇ユーロ（約一八万円）の手術費を出してもらった。激痛にも耐えた。「結婚前に男性と関係したことがばれたら離縁される。父にも『一家の恥』として殺される」と思ったからだ。

イスラム教では、性行為は夫婦間でのみ許され、未婚の男女は、たとえ真剣な交際でも「姦通」とみなされる。聖典コーランには、第一七章「夜の旅」に「姦通に近づいてはならぬ。これは実にいま

モロッコ北部カサブランカで、結婚衣装のショーウインドーの前で足を止め、処女膜再生手術の体験を振り返るマリアさん（倉茂由美子撮影）。

わしいこと、なんと悪い道であることか」と記され、第二四章「光り」の二節は、姦通した男女をむち打ちにせよと記す。モロッコなどでは刑法でも婚外交渉が禁じられ、禁錮刑などの処罰対象となる。

　結婚の手続きでは、女性が署名する際に、処女を宣言しなければならない国も多く、その「証拠」として、結婚初夜のシーツを、夫の家族らに見せる風習もある。

　そこで、マリアさんのように処女を喪失した女性が受けるのが、「処女膜再生手術」だ。性交渉によって裂けた膣内の粘膜を縫合して修復するもので、次の性交渉の際に、初めての時のような出血が起きるようになる。

　マリアさんが元彼氏の男性と初の性行為を経験したのは、二一歳の時だ。喫茶店で具合が悪くなった時、たまたま近くの席に座っていた彼が声を掛けて家まで送ってくれたのが始まりだった。「運命の出会いだ」と思った。以降、マリアさんは彼に会うためにその喫茶店に通い、同じテーブルに座って話をするようになった。いつも体調を気にかけてくれる優しさや、ユーモアあふれる楽しい会話に、心がひかれていった。彼も「君が好きだ」と言ってくれた。

「初体験」は、彼の自宅に招かれた時。だが、マリアさんの意思に反したやり方だった。彼が出してくれた紅茶を飲むと、眠気に襲われ、目を覚ますと彼と裸でベッドの上にいた。結婚まで貞操を守るつもりでいたマリアさんは、「ひどい……」とショックを受けたが、「君を僕だけのものにしたかった」と謝る彼の言葉はうれしくもあった。それから、彼の両親が不在の時に家を訪れては、肌を重ねるようになった。

だが、関係は長くは続かなかった。彼の態度は次第に冷たくなり、やがて連絡も途絶えた。「私の体に飽きたから捨てられたんだわ……」。絶望したマリアさんはその後、「処女じゃないんだから、もう関係ない」と投げやりになり、さみしさを紛らわすように何人かの男性とデートをしては、体の関係を持つようになった。

ところが約一年後、絶好の縁談が舞い込んだ。相手はドイツで暮らすモロッコ人の男性。収入も安定し、ハンサムで、姉も「こんなにすてきな人との縁談はなかなかない。絶対にこの人と結婚すべきよ」と太鼓判を押した。だが、処女でないマリアさんは縁談がうまくいくとは思えない。思い切って姉に相談した。

「大丈夫。それなら私にいい考えがあるわ」。姉から思わぬ反応が返ってきた。「処女膜再生手術」という方法があるのだという。マリアさんと姉は、偽名を使ってＳＮＳのアカウントを作り、手術を行っている非合法の産婦人科を探し出した。費用は、マリアさんには到底用意できる金額ではなかったが、姉が、大事にしていた純金のアクセサリーを売って工面してくれた。

「たった一時間で昔の体に戻れたの」

両親には「美容学校の見学に行く」とうそをつき、約一〇〇キロメートル離れた産婦人科のクリニックに手術を受けにいった。クリニックの中は、結婚指輪をしていない若い女性がたくさん順番を待っていた。

医師の説明では、再生手術には、結婚の日取りが間近の人向けで効果が数日間に限られるものと、結婚の予定がない人向けで長期間維持できるものの二種類あるという。マリアさんは後者を選んだ。医師は、マリアさんに「この手術は秘密なので、麻酔事故が起こるのはまずい」と伝え、無麻酔を条件に手術を引き受けた。

約一時間に及ぶ手術は、激痛を伴ったが、「幸せな結婚をするため」と必死で耐えた。帰り道、術後の痛みは残っていたが、それをかき消すほどの喜びがこみ上げてきた。「たった一時間で昔の体に戻れたの」。予期せぬ初体験を迎えてから、ずっと悩んでいた心がすっと晴れた。

紆余曲折あり、ドイツに住む男性との見合い話はなくなったが、処女に戻ったことを思うと、新しい出会いにも積極的になった。すぐに、別の男性（三三）と知り合い、自分が処女だと伝え、とんとん拍子に婚約まで進んだ。

結婚を間近に控えたある晩、婚約者に「もう僕たちは結婚するのだから」と肉体関係を持とうと言われた。マリアさんは、「手術したんだから大丈夫。ちゃんと血は出る」と心の中で言い聞かせ、受け入れた。だが、「まさか」が起きた。シーツは白いままだった。婚約者はそれに気づくと、逆上した。「俺をだましたな！本当は処女じゃないじゃないか！」。即破談になった。

マリアさんは、「あのヤブ医者め」と、処女膜再生手術をした医師のことを毒づいた。非合法手術のため、結果が保証されなくても、批判を受けたり訴えられたりすることはない。「あのヤブ医者が金目当てで、いい加減に処置したに違いない。だまされて、結婚がぶちこわしになった」と嘆いた。

再生手術に懲りたマリアさんは、「処女喪失を知っても、結婚してくれる人はきっといるはず」と開き直ることにした。

その出会いは意外と早く訪れた。約一年後、二四歳の時だ。新しく出来た彼氏（四〇）に思い切って「実は私、処女じゃないの」と打ち明けてみると、彼は「そんなことは気にしない。過去なんか関係ないよ」と言って、マリアさんを結婚相手として家族に紹介してくれた。マリアさんは感激した。やっとありのままの自分を受け入れてもらえたからだ。

だが、結婚生活はすぐにうまくいかなくなった。毎日のように夫婦げんかをし、その度に、夫は「お前はビッチ（みだらな女）だ！信用できない！」「汚らわしい女！」と罵倒するようになった。一番聞きたくない言葉だった。「過去は気にしない」という言葉を信じたのに、口だけだったのだと悲しくなった。「やっぱり心の底では皆、処女喪失の女を娼婦のように見下しているのよ」と、世の男たちの本心を悟った気がした。結局、結婚生活は半年で終わった。

マリアさんの結婚や恋愛は、いつも「処女喪失」の事実に翻弄されてきた。男性は、婚前交渉をしても問題にされないが、女性だけが処女を求められ、手術までする羽目になったり、男に捨てられたりする。「今は、結婚前に交際するカップルも珍しくない。私のように、無理矢理処女を奪われる女性もいる」と憤っている。

七五％は偽装処女

処女膜再生手術は今、中東地域で増えている。モロッコのある男性医師は、「結婚式が多い七、八月は再生手術の繁忙期。一日に二〇件予約が入る」と明かした。トルコでは再生手術を合法的に行えるため、クリニックが乱立し、手術数は最大都市イスタンブールだけで月一〇〇〇件を超えるとされる。トルコ国内だけでなく、サウジなどの湾岸諸国から、お忍びで訪れる女性も多いという。チュニジアの女性精神科医による著書では、チュニジア人女性のうち、二〇％が「本当の処女」、七五％が手術などによる「偽装処女」だとしている。

こうした現象の背景にあるのは、男女交際が盛んになり婚前交渉が増える一方で、「女性は結婚まで貞操を守るべき」とするイスラム社会の規範が根強く、そのギャップが拡大していることだ。

かつては、初潮を迎える一〇代前半で結婚する女性も多かったが、モロッコでは現在、平均初婚年齢が二七歳頃まで上がっている。女性活動家らは「女性だけが結婚までの長い間、禁欲を強いられるのは時代にそぐわない」と批判する。

一方、当たり前とされてきた「処女＝初夜の出血」という見方には、医学的見地から異論が出ている。イスタンブールで再生手術を行うクリニックの女性セラピスト、ゲレン・ドアンさん（二九）は、「初めての性交渉で出血する女性の割合は、二割程度に過ぎない」と話す。日常生活の中で受ける体への衝撃などで、知らないうちに処女膜が破れていたり、体質によっては膜が破れにくかったりするタイプの人もいるという。「性器も人それぞれ。初の性交渉には必ず出血が伴うというのは迷信のようなものだ」と指摘する。

だが、こうした性に関する話はタブー視される傾向にあり、正しい知識は浸透せず、「初夜の血」への執着は強いままだ。このクリニックの婦人科医スレイマン・エセルダ医師の元には、初夜に出血しなかった女性が、夫側の家族に連れられて来て、「この女は処女じゃなかったのか」と確認を求められることがある。結婚前の女性が処女にもかかわらず、「初夜に絶対に出血するようにしてほしい」と、処女膜を縮小させる手術を受けに来たりすることもある。「もう一度、夫に初夜の興奮を味わってもらうため」と言い、結婚二〇周年などの節目に、再生手術を受けに来る中年女性もいる。

スレイマン医師は、「女性だけが貞操を強いられ、たった一度の『経験』で社会から切り捨てられる不公平な社会は変わるべきだ」と批判する一方、そんな伝統的な考えが社会に根強く残っているからこそ、「女性の命や地位を守るため、再生手術という医療的支援が必要だ」と意義を主張する。女性の「秘密」を守るため、スレイマン医師は、再生手術に関するカルテは一切作成していない。強盗などに遭ってカルテが奪われたり、万が一紛失したりした場合、手術を受けた女性の命が、家族らによって危険にさらされる恐れがあるからだ。

出血に見せる赤い液体

結局、処女に戻ろうとする需要が減ることはない。モロッコ・カサブランカ中心部のある路地では、再生手術を受けずとも、初夜に出血したように見せるための中国製の商品がひそかに売られている。血液に似せた赤い液体が、透明のシートの中に入れられたもので、初夜を迎える際に女性の膣内に入れておくと、液体が溶け出して血が出ているように見えるという代物だ。一個約二〇〇ディルハム（約二〇〇〇円）で流通しており、購入する女性が絶えないという。インターネットでその情報が広まると、警察がその路地で取り締まりを行い、商品を押収する事件となった。

訪れてみると、その商品を陳列する店は見当たらない。だが、「どうしても『あれ』を買いたい」とこっそり話すと、「ああ、『あれ』だね。ちょっと待ってなさい」と言って知人に電話をし、すぐに取り寄せてくれた。女性の「危機」を救うため、販売はひそかに続けられていた。

2　処女論争　喪失は是か非か（トルコ）

「性行為なしの結婚はリスク大きい」

イスラム社会では、結婚までに処女を守るか捨てるかがひそかな議論となっている。

トルコで舞台女優を目指すウズゲさん（二七）はこれまで二〇人以上の男性と付き合い、そのうち七、八人と肉体関係を持った。初体験は一九歳の時。相手は三〇歳の独身男性だった。付き合ってしばらくしてから、彼の方から体を求めてきて、「この人なら後悔しない」と決断して体を許した。いざ経験してみると、「二度と手に入らないものを失ってしまったような感情に襲われた」という。だが、そんな気持ちは少しすると消えた。肌を触れ合わせて体のぬくもりを感じると、愛されていることを実感でき、より幸福な気持ちで満たされた。愛し合い、信頼し合っているからこそ、全てをさらけ出し、その結果自然に至る行為なのだと思うようになった。宗教についても、「イスラム教が女性に求めているのは慎み深さ。それは処女であることと同義ではない」という理解に至ったという。ある時、ヘジャブ（頭部を覆うスカーフ）をかぶり、敬虔そうな服装の女性が、道ばたの犬を蹴飛ばしている姿を見て、「大事なのは内面の清らかさ」と気付いたからだ。

そして、誰も教えてくれなかった重要なことに気付いた。体には「相性」というものがあり、それが合わないと関係は長続きしなかった。デートでレディー・ファーストの振る舞いをしても、ベッドで独りよがりの男は、交際期間が長くなるうちに威張るようになることも知った。「性行為は、性欲を満たすためだけじゃない。男が女をどう扱うか、本性を見抜くためのテストでもあるのよ」と言い、「それを確かめずに結婚するなんて、リスクが高すぎる。合わない男と結婚したら、一生不幸だわ」と言い切った。

ウズゲさんのように、タブー視されてきた婚前の男女交際は増え、性交渉に踏み切る男女も多い。

イスタンブールの街をさっそうと歩くウズゲさん(倉茂由美子撮影)。

トルコでは、初性交の平均年齢は男性が一九歳、女性は一九・五歳とされる。エジプトの女性活動家による二〇一八年の調査では、エジプトやチュニジアなどで結婚前の性交渉経験者は五割前後に上った。インターネットの普及などで、性に開放的な欧米文化が浸透したことや、女性の進学率や社会参加が進んだことも影響している。

交際は「軽いキス」まで

ただ、婚外交渉は「イスラムの教えに反する」として、男性と交際しても処女をしっかり守る女性は少なくない。

花柄のスカーフを髪に巻くイスタンブールの女子大生メルヘムさん(二二)は、彼氏との関係は「軽いキスまで」と決めている。幼い頃から、敬虔なイスラム教徒の母親に、「純潔な家庭を作ることが女の役目」と言い聞かされてきたからだ。それでも、彼氏と一緒にいる時、ロマンチックな恋愛ドラマを見たり、体を寄せ合って見つめ合ったりしていると、つい「その先」を許してしまいそうな気分にもなる。だが、そんな時は、「駄目、駄目。将来の家族にずっと負い目を感じて生きていくの？」と自問自答して、冷静さを取り戻す。

友人の中には雰囲気に流されたり、彼氏に押し切られたりして、体を許してしまう女性もいる。気持ちは分からなくもないが、メルヘムさんはこうした友人について、「未来にも汚れを残すことになる。社会の退廃を招く行為よ」と批判する。厳しい言葉の裏には、イスラム教徒としての思いとともに、個人的な「失恋」経験もあるようだ。

メルヘムさんは最近、約一年交際した彼氏に浮気され、別れを告げた。いつまでも体を許してくれないメルヘムさんとの関係に満足できなくなり、受け入れてくれる他の女性に走ったのだという。だが、メルヘムさんはすっきりした表情を浮かべ、傷心の気配はない。「イスラム教徒として越えてはいけない一線を理解してくれない彼氏とは、それまでよ」。イスラムの教えを厳格に守る自身に胸を張った。

プレイボーイの悩み

こうした女性たちのはざまで、翻弄されているのは実は男性かもしれない。

端正な顔立ちの会社員ビラルさん（二五）は、高校時代から女性にもてた。彼女は高校時代に四人、大学時代には三人いた。そのほとんどと肉体関係を持ち、「一夜限りの女性」も数え切れないほどいたという。いつも相手は、セクシーなタイプの女性だった。「好きな気持ちが強くなれば、体を求めるのは当然。短い人生、結婚前にいろいろ楽しみたかった」と本音を明かす。

だが、「交際と結婚相手の基準は別」が持論だ。社会人になって数年がたち、安定した収入も得られるようになった。そろそろ伴侶を持ちたいと考えているのだが、結婚相手には貞操を保ってきた女性を探しているという。生涯添い遂げる女性は「他の男に触れられていないクリーンな女性がいい」という理由だけではない。ビラルさんの両親は、敬虔なイスラム教徒のため、「家族にも気に入られ、子供にとって良き母になるモラルを備えた人がいい」のだ。それに、両親は兄が結婚した際、初夜のシーツを送らせて妻が処女だったかどうか確認していた。ビラルさんの結婚相手も当然、この「関門」を突破する必要があるのだ。

しかし、ビラルさんは女性経験が豊富だったからこそ、処女の女性を見つける難しさを知ってしまった。ビラルさんの分析では、「比較的世俗的な地域に住んでいる女性なら、七割は経験済み」だという。関係を持った相手の半数は、すでに処女を喪失していたが、残りの半数はビラルさんが「初めての男」だった。「僕みたいな男が、多くの女性に手を出した結果、処女の女性は絶滅危惧種みたいになってしまった。自業自得だ」と嘆く。

ビラルさんをさらに悩ませているのが、トルコで合法に行われる「処女膜再生手術」だ。これにより、「本物の処女」か「偽装処女」か、分からなくなってしまっているからだ。かつて関係を持った女性の中には、「結婚直前に、再生手術さえ受ければごまかせる」と話していた人もいた。最近は、すてきな女性に巡り会っても、「この女性も『偽装処女』なのでは」と疑心暗鬼になってしまい、踏み出せないのだという。「再生手術なんてものがあるから、簡単に処女を捨てる女性が増えるんだ」と批判をぶつけた。

「もう、誰が本当の処女だか分からない。女性不信に陥りそうだ」と嘆いた。

3　名誉殺人　娘あやめた父（ヨルダン）

引き取り手なく、名無しの墓に

処女を巡る議論が過熱する背景は、婚前交渉を知られた女性が、自らの親族によって殺害されるという事件が後を絶たない事情もある。新婚初夜まで娘を処女のまま育てるという「名誉」を実現できなかったことにより起こる「名誉殺人」だ。

ヨルダンの首都アンマン郊外に、名前のない墓が並ぶ墓地がある。二〇一九年春、墓地を訪れると、雑草が生え、手入れが行き届かず、墓石の一部は崩れていた。埋葬されているのは、結婚していない男性と肉体関係を持ったといった理由で、父親らに殺された女性たちだ。引き取り手がなく、一か所に集められていた。

墓地の管理人男性は「こうした墓は誰も墓参りになんて来ない。あんな風に崩れて埋もれていくだけだよ」と指をさした。その先には、雑草に埋もれ、崩れた墓が散在していた。同じ理由で殺された女性たちの墓だという。

イスラム教の教えでは、婚姻関係にある男女以外の性行為は「姦通」とみなされ、許されない行為だ。コーラン第二四章「光り」の二節は、姦通した男女に対し、「一〇〇回のむち打ちを科す」と断じ、第五章「食卓」は、信仰なき者は、業火から出たがるだろうが、懲罰は永遠に続くなどと記している。

イスラム諸国では、姦通した女性が一族の名誉を汚したとして、父親や兄弟によって殺害される「名誉殺人」が相次ぐ。サウジアラビアやイラン、アフガニスタンなどイスラム教に厳格な国では婚前の性交渉は死刑対象となる。ただ、こうした国で男性側は、「女が誘惑した」などと主張して死刑を免れるケースが多いという。

ヨルダンの首都アンマン郊外にある名誉殺人犠牲者らの墓（金子靖志撮影）。

ヨルダンの記者で、「名誉殺人」について詳しいラナ・フセイニ氏（五〇）は「婚前の交際が知られただけでも名誉殺人が行われることがある。強姦され、被害者となった女性も、婚前に性交渉をしたという理由で殺害の対象となり得る」と話す。フセイニ氏がこれまでの取材の中で衝撃だったのが二五年前にアンマン市内で起きた事件だという。

兄が妹を強姦、妊娠させた後、家族が妹を殺害した事件だ。「家族が妹の妊娠を知り、兄の子供だと知ると、ひそかに中絶させた。妹が一族を汚す存在だとして、家族は妹を台所で取り囲み、刃物で刺して殺した。殺す直前、妹に水を与えて、コーランの一節を読み上げるよう指示した。様々な名誉殺人を取材してきたが、一番ショックな事件だった」と振り返った。

英ケンブリッジ大学の研究チームが、二〇一三年にアンマンに住む一〇代の男女八五〇人以上を対象に行った調査では、「名誉殺人」について、男子のほぼ半数、女子の五人に一人が「正当化できる」と答えた。若い世代の間でも「名誉殺人」を支持する人は少なくない。ヨルダンでは今も年間二〇人前後の女性がそれを理由に殺されているという。国連人権高等弁務官事務所が公表した統計では、世界で「名誉殺人」により命を落とす女性は毎年五〇〇〇人に上る。エジプト中部では最近、婚前に彼氏と関係を持った娘（一八）が父親（五五）に殺害された。

殺害逃れ逃避行も

一方、「名誉殺人」の加害者には複雑な思いもある。

ヨルダン中部の五〇歳代の父親は約一〇年前、当時一七歳だった娘を銃で撃ち殺した。娘が隣の街に住む異教徒（キリスト教徒）の男性と密会しているとのうわさがきっかけだった。

イスラム教では、女性が異教徒と交際、結婚することは許されないと解釈されている。娘を尾行し、異教徒の男性宅に入るのを確認した後、男性宅に押し入り、銃殺したという。

ヨルダンでは最近になって「名誉殺人」も一般的な殺人と同様、罰則が禁錮一五年以上となった。

だが、刑事裁判所の判事によると、裁判では「名誉」のための殺人とみなされれば情状酌量の余地があるとして減刑の対象になることがある。その父親も数か月間服役した後、出所した。だが、まな娘をあやめた父親は今、「なぜ異教徒と付き合ったのか。俺だって殺したくなかった」と寂しそうに語った。

禁断の恋に走る女性は、「名誉殺人」から逃れようと必死だ。二五年前にアンマンから逃れ、現在、ベルギーの首都ブリュッセル郊外に身を潜めて暮らすラナーさん（仮名、四五）は二〇一九年末、テレビ電話で取材に応じ、「故郷が恋しい。でも、帰ることはできない」と話した。帰れば親族に殺害される危険があるという。

一八歳の時、アンマン市内の高校の帰り道でキリスト教徒の男性（当時二五歳）に声をかけられて次第にうち解けるようになり、恋に落ちた。ラナーさん一族は厳格なイスラム教徒で、父親には「異教徒には近づくな」と言われていた。だが、「『好き』という気持ちを抑えきれなくなり、こっそり会うようになった」と振り返る。

「交際がばれた」。一週間後、交際相手の妹から電話がった。「あなたと兄が二人きりでいるところを誰かが目撃して告げ口したのよ。きっと殺されてしまう。今から車で迎えに行く。一緒に逃げましょう」と交際相手の妹はあわてた様子だった。

この直後、交際相手からも電話があった。「こんなことになって申し訳ない。一緒にレバノンまで逃げよう。そこで結婚して一緒に暮らそう」と告げられた。ラナーさんは当初、状況をのみ込めなかったが、兄から電話を受け、「お前は大変なことをした。親族は絶対に許さない」と激怒され、身の危険を感じた。

家族に見つからないように交際相手の妹と合流し、レバノンまで車を飛ばした。だが、レバノンに到着後、交際相手の男性の姿はなく、連絡もなかった。その後、男性がレバノンに向かう路上でヨルダン警察に拘束されたことを知った。ラナーさんの親族が警察に通報したことで、男性は誘拐の容疑がかけられていたという。

その後、ラナーさんは身を隠しながらレバノンからアンマンに戻った。交際相手が留置されている警察署に出向き、捜査官に事情を説明すると男性は解放された。男性の解放を知ったラナーさんの親族は激怒し、ラナーさんを殺害しようと探し回った。男性の親族にかくまわれながら、ヨルダン西部の町で結婚式を挙げた。ラナーさんはその後、交際相手とイラクに逃亡した。そこで二人の子供に恵まれ、幸せな生活を送っていたが、夫は約一五年前、がんで亡くなった。

夫が亡くなった時期は、米軍が仕掛けたイラク戦争の時期と重なり、ラナーさん一家は自宅が破壊されて難民になった。ヨルダンに戻ることができず、イスラム教徒が多いベルギーに渡った。そこで難民として生活を続け、子供二人は数年前、独立して自分の元を去った。

ラナーさんは一人になり、親族を頼ることもできず、孤独を感じることが多くなった。しかし、「(亡くなった)夫と出会えたことは本当に幸せだった。悔いはない」と話した。

厳罰化求め相次ぐ抗議デモ

中東各地では「名誉殺人」の厳罰化を求めてデモが相次いでいる。性的暴行被害を告発する「Me Too（私も）運動」の影響を受け、女性の人権に対する意識の高まりが、イスラム圏に波及しているようだ。二〇一九年三月には、トルコの最大都市イスタンブールで、「名誉殺人」や女性への暴力根絶を求め、数千人の女性が街頭を歩き、治安部隊が催涙弾を使って排除する事態となった。レバノンやヨルダン、イラクでも同様のデモが起こった。

パレスチナ自治区ラマッラで二〇一九年九月、イスラム教徒の女性ら数百人が「今こそ女性が立ち上がる時だ」と声を張り上げ、市街地を行進した。自治区のほか、レバノンやドイツでも抗議活動が行われ、数千人が参加した。デモのきっかけは、この年の八月下旬に自治区ベツレヘムで起きた殺人事件だ。地元メディアによると、イスラム教徒の未婚女性（二一）が交際相手の男性と一緒に撮影した写真をインスタグラムなどのSNSに投稿した。女性の親族は、「婚前交渉を行い、一族を汚した」と激高し、女性を殺害した。ラマッラでのデモに参加した女子高生アバヤ・ジュブールさん（一七）は「女性が弱者という考えを変えたい」と訴えていた。

4　美容整形　唯一露出の顔で勝負（アラブ首長国連邦）

婚活中、「きれいになったと言われたい」

幸せな花嫁を目指す気持ちは、神がくれた顔をいじるほど強い。

シリア出身のガリアさん（二七）は、唇を厚くする手術を終え、アラブ首長国連邦（ＵＡＥ）の中心都市ドバイのクリニックからうきうきした様子で出てきた。この日は、唇に注射をして、人気のぽってりと厚い唇にしてもらった。つやのある口紅を塗ると、すぐさま、スマートフォンで自撮りを始めた。

ガリアさんは「整形をやり過ぎれば、イスラムの教えに反する」と考える。実際、イスラム教の教えでは本来、「神が創造した形を、人間が勝手に変えてはならない」とされている。コーランの第四章「女性」の一一九節に、「（悪魔は）アッラーの創造を変形させます」といった記述があるためだ。イスラム教スンニ派の最高権威アズハル機関（カイロ）は、美容整形はこの教えに反するとして、病気や事故などによる治療以外での整形を禁じている。

だから、ガリアさんは手術の時には医師に「人に分からない程度に、自然な感じで」と注文をつけた。自分だけが分かるくらいの範囲で、コンプレックスを解決できたら、毎日自信を持って明るく生きることができると考えた。

とはいえ、現在は「婚活中」であるため、「『きれいになったね』と言われたい」と本心をのぞかせる。ガリアさんは、唇をアップにした自撮り写真を友人たちに送信すると、スマホを両手でぎゅっと握り、「気付かれない方がいいけど、気付いてもほしい。どんな反応が返ってくるかしら」と複雑な女心を明かした。

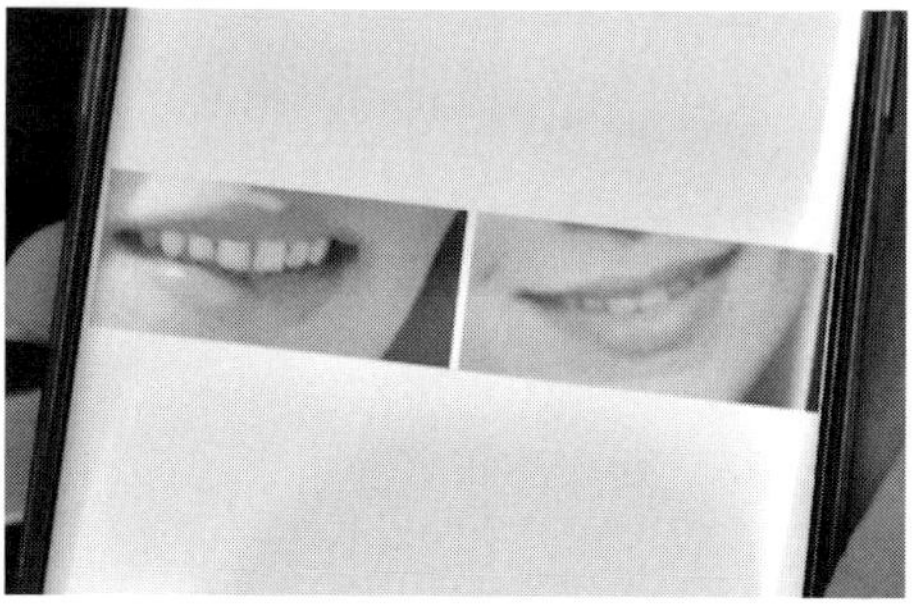
ドバイで唇を厚くする手術を終えたガリアさんの口元（倉茂由美子撮影）。

中東で美容整形をする女性は増えている。ドバイのエステサロンで勤務するリハブさん（二九）は、「以前は『整形には抵抗がある』と言ってマッサージで改善しようとする女性が多かった。でも、五年くらい前からは、整形手術を受ける客が増え始めた」と話す。

美容整形をする女性の多くは、「整形は宗教と関係ない」と訴える一方で、預言者ムハンマドが「神は美しく、美を愛する」と述べたと伝える言行録（ハディース）を取り上げ、教義に反しないと主張する。多くの宗教指導者らは、この主張を認めていないが、整形賛成派の中には、「美しくなるのは、神に喜んでもらうため」と正当化する女性もいる。

クリニック並ぶ国際都市ドバイ

ドバイは美容整形の中心地だ。一昔前まで、中東で美容整形と言えば、レバノンの首都ベイルートだったが、政情不安などが原因で人気を落とし、代わりに「国際都市」として急成長したドバイが脚光を浴び始めたようだ。海岸近くの大通りには、美容整形のクリニックが立ち並び、「整形通り」とも呼ばれる。

ドバイが中東の経済の中心地として繁栄するのに伴い、米国やヨーロッパからやってくる医師も増えた。人口一人当たりの形成外科医の人数は世界一だ。(6) サウジなど周辺の湾岸諸国や欧米諸国からの「医療観光」がブームとなっている。こうした「観光客」は年間約三〇万人に上り、費用は計約一〇億ディルハム（約三〇〇億円）以上とされる。その多くが美容整形を受けに来る。(7)

（6）人口一〇〇万人あたりの形成外科医数の比較
米CNNのウェブサイトによると、アラブ首長国連邦（UAE）は五六人、ブラジルは二三人、米国は二〇人。

（7）ドバイのあるクリニックでの患者の内訳と主な施術内容（二〇一四～一五年）
ガルフ・ニュース電子版によると、患者の男女別内訳は女性が八七％（七六〇六人）、男性が一三％（一一二八人）。国内外客の内訳は外国人が七六％（六六〇六人）、アラブ首長国連邦（UAE）人が二四％（二一二八人）。主な施術内容の割合は、脂肪吸引が二〇％、次いで豊胸が一七％、腹部形成術一六％、脂肪移植と鼻形成術が九％、乳房リフトが六％、上まぶた形成と上下まぶた形成が三％、乳房縮小と二の腕リフト、太ももリフト、下まぶた形成が二％、乳房インプラント除去と乳房インプラント交換が一％となっている。

ドバイ最大とされる整形専門病院では、米国、イラン、インド、フランスなどから専門医が集まる。「病院」という名は付くが、クラシック音楽のBGMが流れ、高い天井にはシャンデリアが輝き、病室には高級そうな家具や絵画が備わる。広報担当のウィマさんは「『七つ星ホテル』に滞在しながら、美しくなれるのが売り」と話す。脂肪吸引などの痩身術や豊胸は約八〇〇〇ドル（約八八万円）、鼻を高くする整形は約一万ドル（約一一〇万円）かかるが、年間を通じて予約はほぼいっぱいだという。

整形が増えているのは、技術の発達で以前より安全かつ手軽に手術を受けられるようになったからだけではない。イスラム圏の女性は、アバヤ（全身を覆う黒い服）で髪の毛や体の線を隠しているため、唯一露出する顔で勝負しようとするためだ。ドバイで美容整形のクリニックを経営するリアド・ルーミ形成外科医は、「顔が美しいかどうかが、就職や結婚に影響すると考える女性が多い」と話す。建国から約五〇年がたつUAEでは、遊牧民の文化が薄れ、社会が近代化した。昔の女性は一五歳くらいで結婚して主婦になるのが普通だったが、近年は女性の高学歴化や、社会進出が進み、女性の間で競争が高まっていることが背景にある。

SNSの影響も大きい。リアド医師のクリニックには、女性有名人のインスタグラムなどを手に、「こういう顔にして！」と訪れる若い女性が目立つ。最近のアラブ女性の「憧れの顔」は、厚い唇に高い鼻、大きな目、ふっくらしたほおだ。数年前までは、レバノン出身の歌手ナンシー・アジュラムが人気だったが、最近の流行は同じくレバノン出身のハイファァ・ワハビーや米国タレントのキム・カーダシアンだという。一〇代の女子高生が整形を希望することも多く、「魅力的な自撮り写真をS

ＮＳに投稿して注目を浴びたい」と話す女子もいる。リアド医師は、一七歳以下には、「よく考え直したほうがいい」と受け付けていない。

「神にもらった顔に感謝すべきだ」

一方、整形手術には反対の女性も多い。ドバイ在住の会社員ファトマさん（四二）は「最近、本当に困っているのよ」といらだった。顔を整形する友人が増えたのだが、皆、人気歌手に似せて整形しようとするため、友人同士の顔が似てきてしまっているのだという。ＵＡＥの女性は、黒のアバヤを着て、黒のヘジャブを頭に巻き、同じような高級ブランドのバッグを持つことが多いため、ファトマさんは、「友人の見分けが付かず、間違えそうになる！」と冗談交じりに皮肉る。「イスラム教徒なら神にもらった顔に感謝して、大事にすべきだわ」と訴えた。

ＵＡＥ東部フジャイラの会社員エルアヌードさん（三三）も、テレビ番組などで美容整形の番組が増えていることを問題視する。「お金で外見をきれいにすればいいという価値観が広がれば、内面を磨こうとしなくなり、美徳が衰退する。整形から得られるものは何もない」と憤慨した。

だが、この風潮は終わりそうにない。

「満足いく顔になったわ」。ドバイの団体職員、ヤスミンさん（仮名、四三）が鏡に映る顔をうれしそうに眺めた。最近、「疲れて見える」表情と別れを告げるため、下まぶたの「涙袋」をとる美容整形手術を受けた。「自分のなりたい顔に変われる」と笑った。

ヤスミンさんが整形をしたのは、今回で四回目だ。初めはトルコで、後退が気になっていた髪の生え際に植毛をした。その結果に満足がいかず、ドバイで植毛をやり直し、腹部の脂肪吸引も行った。

ヤスミンさんが整形に踏み切ったのは、五人の子供を出産した妹が、産後にたるんだ体の脂肪の吸引を行って、一気に表情が明るくなったからだった。「もう女として終わったと沈んでいた妹が、自信を取り戻した」という。ヤスミンさんも、「私には、前向きに自分の人生を楽しむ権利がある」と整形を決意した。

「整形しようと思う！」。仲のいい友人たちに打ち明けると、彼女たちも「私も鼻をいじったのよ」「私は唇。簡単だったわ」と次々に整形を告白し始めたという。ヤスミンさんは「整形は今や、タブーではないわ」と確信している。

——理想の伴侶を求める女性たちの闘いは、インターネット上でも繰り広げられている。

5　出会い系アプリ　男女別社会でヒット（サウジアラビア）

「パーフェクトな男性！」ネットに感謝

「数え切れないほどの男性の中から、彼と出会えた。これこそ運命」。サウジアラビア西部ジッダで、会社員のナディアさん（仮名、二四）は自分の「婚活」を振り返った。二〇一八年、三年間交際していた英国に住むサウジ人医師（二六）と婚約した。知り合ったのは世界で約五〇〇〇万人が登録していた携帯電話の「出会い系」アプリだ。名前、写真、簡単なプロフィールを登録し、登録者の間で気に入った相手にメッセージを送る。

「こんにちは」「お元気ですか？」。こんなありきたりのあいさつを送ってくる男性が多い中で、医師の彼からのメッセージはちょっと違った。「クールな名前だね！どういう意味なのか教えてよ！」。「Toxic（有毒の）Joy（喜び）」というナディアさんのアプリ上のニックネームに興味を持って、質問を投げかけてきた。

ジッダで婚約者との出会いを語るナディアさん（倉茂由美子撮影）。

ナディアさんは、アプリで彼とメッセージをやりとりするうちに、電話番号を交換し、ビデオ通話で毎日のように話すようになった。ソマリア人とのハーフで、黒い肌のエキゾチックな顔立ちも好み。冗談を言っていつも笑わせてくれるし、会話には知性もにじむ。優しく、聞き上手で、どうってことのない日々の出来事についても、話を聞いてくれた。ナディアさんは、「まさにパーフェクトな男性！インターネットがなければ、こんな出会いはなかったわ」とのろけた。

イスラム教の預言者ムハンマドは、モスク（イスラム教の礼拝所）で礼拝をした後に、男女が交ざらないように、女性が先に出てから、男性を立ち去らせたと伝えられる。男女の交流によって、社会が不道徳になるのを避けるためだと解釈され、イスラム圏では、男女の空間が分けられることが多い。

宗教に厳格なサウジでは、一般的に男女は学校で別々に学び、結婚していない男女は一緒に行動できない。そのため、結婚相手は親が探すのが通例だ。女性は、婚約して初めて年頃の男性に顔をさらし、会話を交わす人も少なくない。

しかし、この習慣は幸せな結婚生活を意味するわけではない。サウジでは二〇一七年、離婚の割合が三組に一組となった。本人の意思に反して親が結婚を決めたり、お互いの性格を知らずに結婚したりするためで、離婚率の上昇はサウジの社会問題になっている。ソーシャルワーカーのユスラさん(三八)は、一度も顔も見ず、話しもせず、婚約のパーティーで初めて婚約者と会ったが、「美人だと聞いていたけど、そんなに美人じゃない」と言われて婚約を破棄された。それ以来、男性不信に陥り、現在も独身だ。

ナディアさんの父親も、見合いで男性を何人も引き合わせた。会社の部下やナディアさんのいとこにあたるおいなど父親の周辺にいる人ばかり。「お父さんの好みと、私の好みは違う。みんな面白みのない人で、心が全くときめかなかった」。

そんな中、携帯アプリが人生を変えた。医師の彼がサウジに帰国するたびに、車の中で「秘密のデート」を重ねた。誰かに見つかっても、配車サービスの「運転手」と言い訳できるからだ。食事はいつも、ファストフードのドライブスルー。質素なデートだったが、ナディアさんにとっては、直接会って、くだらない話で笑って過ごすだけで、最高にぜいたくな時間だった。

遠距離恋愛で三年がたった頃、喧嘩の後の仲直りの電話で、プロポーズされた。もちろん答えは「ナアム（はい）」。ナディアさんは、すぐに母親に「結婚したい人がいる」と、彼の存在を打ち明けた。インターネットで知り合ったことは正直に話したが、隠れて会っていたことは言えなかった。「親をだまして密会する男」という悪い印象を持たれれば、結婚に反対されると思った。

母親と相談し、頭の硬い父親にはネットで知り合ったことは伏せ、「友人の友人」と説明した。うそをつくことに少し心は痛んだが、自分が選んだ人との結婚を進めるためだ。ナディアさんの作戦は奏功し、両親とも彼のことを気に入ってくれた。彼はサウジ国内の病院に転職し、結婚後はサウジで一緒に新生活を始める予定だ。

親の紹介よりネット、遊び男の危険も

ナディアさんのように出会い系アプリで結婚相手を探す女性は増えつつあるようだ。サウジ誌の二〇一六年の調査では、親が決める結婚よりもインターネットで結婚相手を探したいと答えた女性は六五％に上った。

ただ、ネットから始まる恋には危うさも漂う。同じアプリを利用していたジッダの会社員男性（三二）は、「女性は結婚相手を探すけど、男はその時楽しめる相手を探しているだけ」と明かした。仕事が終わった後に女性とドライブを楽しみ、秘密で会える部屋を借りて情事に及ぶ人もいるという。

既婚者の友人の中にも、アプリを使っている人は多いといい、「第二夫人を探す常とう手段にもなっている」と暴露した。

ナディアさんの親友もその手の男性に引っかかった。親友は、婚活アプリで知り合ったサウジ人男性と意気投合し、交際を始めた。「婚活」なのだから、当然相手も独身だと思い込んでいたが、家族や将来の話になるといつも、言葉を濁して話題を変えた。交際から一年後、女性が「一体何を隠しているの。はっきりしてよ！」と問い詰めると、「妻が一人いる」と白状したという。サウジでは、コーランに基づき最大で四人まで妻を持つことができるが、若い世代の女性は多妻を嫌う。そのため、男性は女性とある程度親密になるまで、既婚者であることを隠す傾向があるという。

衆人環視のないネット空間で、男女が自由につながることを危惧する声もある。サウジの著名な宗教指導者は、「家族以外の男女が、ネット上で会話するのは禁忌。プライベートの部屋で、男女が二人きりになっているのと同じ事だ」と説く。ビデオ通話などで女性が顔や体をむやみにさらす機会となったり、手軽な男女の交流が家庭を崩壊させる原因になったりすることが懸念され、出会い系アプリの使用をやめるよう呼びかけている。

確かに、実社会でも影響は出始めているようだ。エジプトでは二〇一六年、離婚した夫婦の四割が、ネットを使った夫の浮気が原因だったとの調査結果がある。サウジでも離婚の二割は、浮気相手と交わしたＳＮＳのメッセージや写真がばれた結果だという。

カイロの女性秘書エンギーさん（四二）も、最近離婚した一人だ。夫が一晩中スマートフォンをいじるようになり、「一緒に寝るのは窮屈だ」と言って寝室を別にし始めた。さらに、今までほとんどなかった「出張」も増えるようになった。浮気を疑い、夫のスマホをこっそりチェックすると、出会い系サイトで知り合った若い女性との生々しいメッセージのやりとりが残されていた。「出張」も、紅海のリゾート地でその女性と逢瀬を重ねるためのうそだったという。

根強いふしだらとの見方

とはいえ、独身女性の立場からすると、そうしたサイト以外に有効な手段が見当たらない。知らない男性に自ら近づくことは、ふしだらと見られがちだ。だから、ネットでの馴れ初めを隠して、女の幸せをつかもうとする。

ジッダ在住の女性会社員フェダアさん（四二）もそんな一人だ。三〇代の時、婚活サイトでエンジニアの男性と知り合い、結婚した。二〇代の時から父親がもってきた親戚との縁談は、全て断ってきた。相手は皆、有名女子大出身のフェダアさんよりも学歴が低く、「結婚したら女は仕事を辞めるべきだ」という保守的なタイプだった。

それに比べ、サイトで知り合ったエンジニアの男性は、海外に留学経験があり、「オープンマインドな男」を自負していた。結婚後も仕事を続けたいというフェダアさんの意向も、「君の能力を生かすべきだ」と理解してくれた。家族には「仕事を通じて知り合った」とうそをついて紹介し、結婚した。

だが、結婚生活はすぐにほころびが出始めた。一年がたった頃から、夫は海外出張が増え、留守中に妻が浮気をするのではと疑い始めたようだった。

「今何してる?」「誰と一緒なんだ?」。一日に何度も行動を確認され、束縛が激しくなった。仕事を辞めて家にいるように言われたが、フェダアさんは「それでは話が違う」と拒んだ。すると夫はこう言い放った。「他の男と出会おうとしているんじゃないのか。君はネットで男をあさるのがうまいからな!」。フェダアさんは閉口した。

結局、喧嘩が絶えなくなり、結婚生活は三年で終わった。フェダアさんは、いずれ再婚をと考えているが、「他にどんな方法で男性と知り合えばいいの」と頭を抱えた。

6　レズビアン　命がけ、家族とのあつれき（レバノン、サウジアラビア）

「やっぱり、私は女の子が好き」

イスラム圏にも同性愛者は存在する。宗教指導者が「罪」と断罪する中で、自らの性的好みを貫こうとする女性の恋は命がけだ。

レバノンの首都ベイルートの住宅街にあるカフェ。表通りから存在が分かりにくいこの店に勤務するニナさん（仮名、一九）は、来店していた友人の女子大生マリアさん（二一）が席を立つと、「えー、もう帰っちゃうの?」と言って、ぎゅっと抱きついた。ハグをしたり頬をあわせたりするのは、レバ

ベイルートのカフェで、レズビアンの友人と語らうニナさん（右）。同性愛が親にばれるのを恐れ、家にいる時間は短くなった（倉茂由美子撮影）。

ノンでは普通のあいさつだが、二人のハグは数十秒間も続き、ただならぬ関係を感じさせた。その間、耳元で何かをささやき合っては、クスクス笑ったり、チュと頬にキスをしあったり。「二人は付き合っているの？」と聞くと、「友達よ」と声を合わせたが、ニナさんは「今のところはね」とウィンクした。

ニナさんも、マリアさんもレズビアン（女性の同性愛者）で、それぞれがしばらく前に彼女と別れ、今はフリーなのだという。アトリエが併設され、芸術家や音楽家がよく利用するこのカフェには最近、ニナさんの「レズビアン仲間」も多く出入りするようになった。マリアさんは、「大学にもレズビアンを公言している友達はたくさんいる」と明かした。

ニナさんがレズビアンだと自覚したのは、一四歳の時だ。クラスメートの男子に「君のことが好きだ」と告白されデートに出かけたが、「全く何も感じなかった」。ある日、自分はいつも女の子に魅力を感じてドキドキしていたことに気が付いた。しばらく一人で悩んだ末、「やっぱり私は女の子が好き。レズビアンなんだ」と認めた。ごく少数の信頼できる親友にだけ、打ち明けてきた。

世界的に性的マイノリティー「LGBT（Lesbian, Gay, Bisexual, Transgender）」の権利を擁護する運動が盛んになる中、その波は中東にも及びつつある。中東の中でも比較的開放的なベイルートでは、二〇一七年にLGBT支持者のデモ「ベイルート・プライド」が行われ、四〇〇〇人以上が参加した。フェイスブックといったSNS上でも、「イスラム・レズビアン」などのコミュニティーができ、中東諸国の同性愛カップルらが情報を交換している。

だが、こうした動きに対する反発は大きい。毎年行われる予定だった「ベイルート・プライド」は二〇一八年以降、宗教界から「堕落と不道徳を促すものだ」といった反発の声が上がり、中止に追い込まれた。

同性愛者、受け入れない人が多数

中東地域では、多くのイマーム（イスラム教指導者）が「同性愛は罪である」と説く。コーランが、夫婦以外の性交渉を禁じているためだ。コーランの第二九章「蜘蛛」には「まことにお前たちは破廉恥なことをする。これほどのことをした者は世界広しといえどもかつてためしがない。なんたることだ、男を相手にするとは」など、男性の同性愛を戒める記述があり、女性の同性愛もイスラムの教えに反すると解釈される。

このため、多くの国では、同性愛は法律で禁じられており、国によっては死刑となる。イスラム過激派組織「イスラム国」は二〇一五年、支配地域に収めたシリア北部ラッカやイラク北部モスルで、

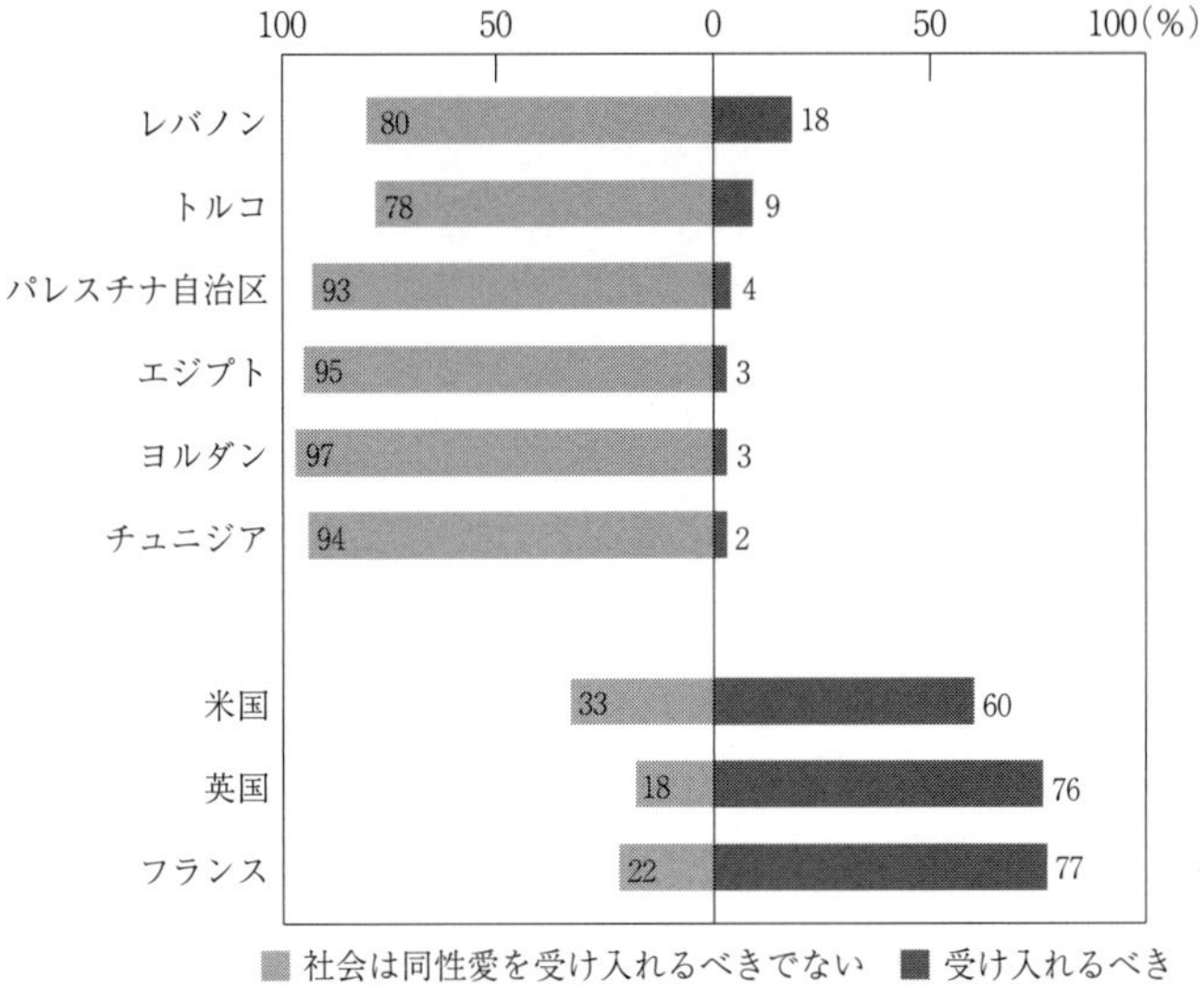

図3　同性愛に対する寛容度の比較

出所：ピューリサーチセンター調べ，2013年。

「同性愛者」をビルの屋上から突き落としたり、石を投げたりして処刑する動画を公開し、世界に衝撃を与えた。彼らの言い分では、コーランの教えを厳格に実践したという。

　レズビアンの支持団体は「コーランが禁じているのは同性への性暴力で、同性愛を禁止してはいない」と主張する。しかし、米国のシンクタンクが二〇一三年に行った調査によると、「同性愛者は社会に受け入れられるべきではない」と答えた人は、レバノンで八〇%、レバノンを含む六のイスラム諸国・地域の平均は八九%だった（図3参照）。このため、イスラム教徒のレズビアンは、性的志向を隠すようになる。

「多くの人が、レズビアンか、イスラム教徒かのどちらかを捨てなければならないと思っている」。同性愛者の権利擁護を目指す民間活動団体（ＮＧＯ）「ヘレム」（本部ベイルート）のタレク・ゼイダン代表は、多くの同性愛者の相談に乗ってきた経験から、こう明かした。相談してくる女性には「宗教と同性愛の両立は可能だ。そのままでいい」とアドバイスしているが、幼い頃から植え付けられてきた宗教観や、家族から制裁を受ける恐怖心から、両立は困難という。

ベイルートのカフェに勤務するニナさんも、この団体で活動する。時には街頭デモに加わり、「同性愛は犯罪者ではない！」とレズビアンの権利擁護を訴えてきた。だが、テレビ局のクルーが取材に来ているのを見ると、とっさに身を隠す。家族は、ニナさんがレズビアンであることを知らないからだ。ニナさんは「私は首相にも大統領にも何だって言える。だけど、家族に対しては自分がレズビアンであることを一生打ち明ける気はない」と話す。

ニナさんの両親は敬虔なイスラム教徒だ。小さい頃からニナさんをイスラム教の講座に通わせ、熱心に教義を学ばせてきた。繰り返し言われたことは、「女は、結婚して夫に尽くし、子供をたくさん産んで良きイスラム教徒を増やすことだ」。だから、同性愛は絶対にハラーム（禁忌）だ。最近も、テレビで同性愛の番組を見た際、母親は「気持ち悪い。地獄に行くわね」と吐き捨てた。兄や父も、「レズビアンは全員売春婦だ」「背徳行為だ」と口々に非難した。

一度、危うくばれそうになった時もあった。ある日、ニナさんが帰宅すると、母親が血相を変えて「あなた、レズビアンなの？」と詰め寄ってきた。匿名の人物から「あなたの娘は同性愛者だ」という「密告」があったのだという。ニナさんは、「そんな訳ないでしょ。誰かが私への嫌がらせにうそを言ったのよ」と、必死に取り繕った。母親は、肩をなで下ろしたが、「あなたを病院に入院させて、電気ショックの転向療法を受けさせなければいけないと考えていたのよ」と明かした。ニナさんはぞっとした。

ニナさんは最近、カフェのシフトを夜遅くまで入れ、家族が寝た頃に帰宅するようになった。家族と接触する機会を減らし、レズビアンだと見抜かれるリスクを減らすためだ。「両親には、最後まで何も知らないまま穏やかに死んでほしい」と話し、こう付け加えた。「さもなければ、私が何をされるか分からない」。まさに、ニナさんの恋は命がけなのだ。

女性と恋愛する主婦

イスラム教の教義に最も厳格とされるサウジでも、レズビアンはひそかに社会問題化している。サウジでは、同性愛者は死刑になる場合もあるが、レズビアンの増加により、離婚件数が急増しているというのだ。

「驚きました。住み込みの使用人や女性友達と、恋愛関係になる主婦が多いのです」。二〇一四年、夫婦問題の仲裁に当たる女性が、サウジの地元紙に伝えた証言だ。サウジでは、「女性は家庭」という考えが根強く、外出に制限があることも多い。夫が仕事や出張で家を空けている間、暇をもてあました主婦らが、友人や使用人と性的関係を持つのだという。背景には、夫に暴力や威圧的な扱いを受ける妻たちが多いことや、男女の空間が分けられているために、女性同士の交流が深まる事情があるようだ。女子大が、同性愛に目覚める場にもなっていると分析する専門家もいる。

妻がレズビアンだったと発覚した場合、夫は表沙汰にせず、別の理由をでっち上げて離婚したり、「同性愛は病」だとして、妻に治療を受けさせたりするケースが多いという。妻の性的趣向よりも、両家にとってのスキャンダルを避けることを優先させている。

第六章　結　婚

1　新妻一四歳、地獄の早婚（南スーダン、トルコ）

「女の幸せは結婚なの」

一六歳の時、母親に呼ばれ、「結婚相手が見つかったよ」と突然告げられた。高校入学直前だったので、「絶対に嫌」とわめいたが、「女の幸せは結婚なの」と諭された。進学をあきらめ、数学の教師になる夢も捨てた。

相手は、兄の友人で三八歳の既婚者だった。イスラム教で認められる二人目の妻となったが、夫は不機嫌になると、頭を殴ってきた。「大人の男に抵抗できなかった」。南スーダンの首都ジュバで離婚訴訟中の元イスラム教徒、イルハムさん（三〇）は涙を浮かべた。

南スーダンで最大の宗教はキリスト教で人口の六〇％を占める。イスラム教徒は人口の六％に過ぎないが、イスラム社会の伝統や習慣は脈々と受け継がれている。

イスラム圏で未成年結婚の割合が総じて高い。教育の機会に恵まれていないことや紛争が絶えないことがその理由だ。二〇一一年に始まったシリア内戦で家を追われた難民のうち、結婚した新婦の約三割は一八歳に満たない少女だった。

また、イスラム教の預言者ムハンマドは言行録（ハディース）で、処女と結婚できるのは女性が了解した場合だけだと伝え、婚姻を強制していない。ただ、結婚に適した男性が現れるなど一定の条件があれば女性は結婚を遅らせてはならないとの教えや、いやらしい目つきをしなくて済むように男性を結婚させるべきだといった教えがあることから、「結婚に年齢は関係ない」との解釈につながっているようだ。また、エジプトの名門、アズハル大学のナビル・サマルチ元人間学部長は「親が娘を売る場合もある」と述べ、貧しさから娘を嫁がせざるを得ない事情を指摘した。南スーダンのイスラム社会では貧困率は約七割に達し、新郎が新婦の実家に贈る現金や牛は生活の支えになる。

南スーダン政府は、子供を結婚から守ることを明記した国連の「子供権利条約」に批准している。法的に結婚できる年齢は、多くのイスラム諸国と同じ一八歳としているが、一八歳未満で結婚するイスラム教徒の割合は約四〇％に上り、世界有数の高さだ。多国籍の法律家集団「国境なき弁護士団」は二〇一七年、南スーダン政府に対し、少女の結婚を終わらせるための嘆願書を提出した。

この問題は南スーダンに限らない。国連などによると、一八歳未満で結婚する割合は、東欧・中央アジアで一一％、東アジア・太平洋地域で一五％、中東や北アフリカで二〇％に達する。イエメンでは三二％と高い。ちなみに、最多は南アジアの五〇％だった。世界全体では、未成年で結婚した女性は約七億人に上り、このうちの約二割がアフリカに住んでいる。

各地で対策の動き

人権団体は近年、早婚が幼妻への虐待の温床になると批判を強めている。国連児童基金（ユニセフ）は、結婚以外に人生の選択肢があることを伝えるため、少女に対する職業訓練や相談受付に乗り出している。

各国も対策を進めている。レバノンでは、これまで規定がなかった結婚可能の最少年齢を一八歳とする動きが進んだ。首都ベイルートのアメリカン大学では「早婚から少女を守る運動」を始め、議会も最低年齢の法制化に乗り出した。隣国シリアの内戦から逃れた難民の娘がレイプされ、その「恥」を表に出さないために、家族が娘を低年齢で結婚させるケースが相次いでいるという。イラクでは数年前、イスラム教シーア派の結婚の最低年齢について、女子を九歳、男子を一五歳にするとの議論が持ち上がり、反対派が「結婚ではなく、人身売買だ」と一斉に抗議する騒ぎがあった。

エジプト政府は二〇一八年六月、未成年の子供を結婚させた場合、一年以上の刑罰と子供の親権をはく奪する罰則を科す法改正を国会に提出し、対策に乗り出した。従来も禁止されてきたが、罰則がなかった。早婚を知りながら検察当局に報告しなかった登録官も罰則の対象となる。

エジプトではこの時期、一二歳で結婚を強いられ、その後、離婚して子供を育てる少女の悲劇が報道されていた。二〇一七年の調査では、一六歳未満で結婚する少女は一万八〇〇〇人に上る。シシ大

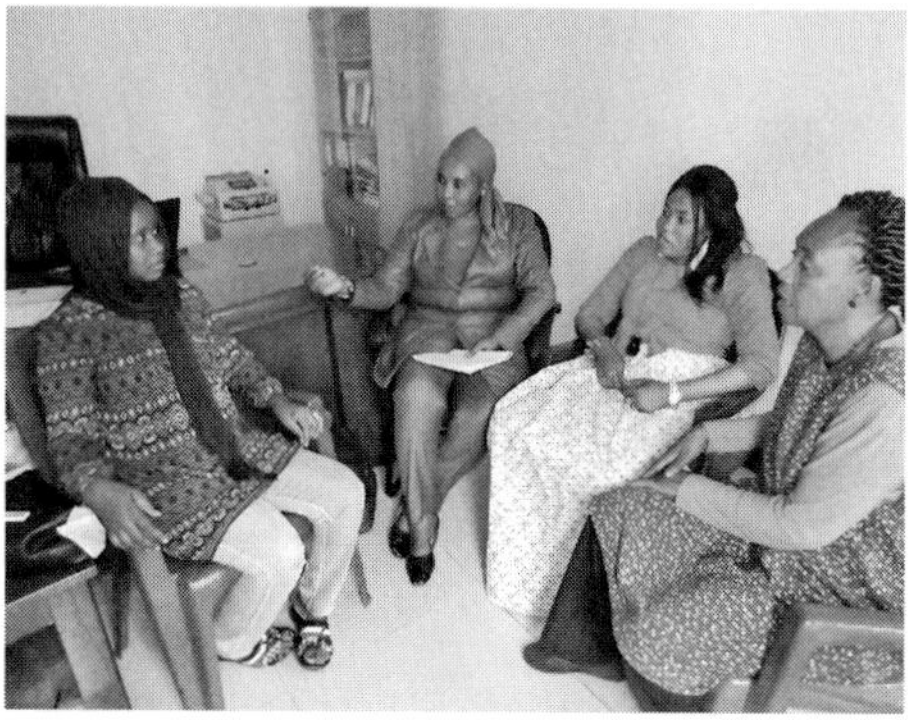

南スーダンの首都ジュバで、早婚を避ける方法を話し合う女性たち（本間圭一撮影）。

統領が一七年、人口統計に関する会合で、「一二歳で結婚する人数が少なくないことを知って驚いた。子供を大事にしようと思っている人にとっては苦痛でしかない」と述べ、行政当局に対応を指示した。イスラム法に詳しいヨルダンのサイード・ハッワ博士は「早期の結婚が認められるのは、男女ともに結婚の義務を果たし、十分な収入を約束し、お互いを他人の誘惑から守るといった条件を満たす場合だけだ」と語る。

女性の意識にも変化が生まれつつある。トルコ南東部シャンルウルファ近郊の主婦トゥルキャン・クタンさん（五〇）は一四歳の時、遠戚だった二一歳の男性と結婚した。父が死んだ後、おじが嫁がせようとしたのだ。口減らしのためだけでなく、女の子は早く結婚した方が子供をたくさん産めるという考え方があった。トゥルキャンさんは「結婚なんかしたくなかった。怖かった」と振り返る。

実際に予感は的中した。新生活が始まった夫の実家では、夕食の準備が遅いとたたかれ、泣くしかなかった。夫だけでなく、姑からも、「料理がまずい」と言われ、作ったものを捨てられた。「安らぎはなく、いつも暴力と虐待。地獄の結婚生活」だったという。姑は二年前に死んだ。

唯一良かったのは「多くの子供に恵まれた」ことだった。四〇歳までに九人の子供を授かった。自身の経験から、四人の娘には「一八歳まで結婚しちゃ駄目よ」と繰り返し言い聞かせた。すでに嫁いだ二人の娘は二七歳と一九歳の時に結婚した。「娘は大人の女性として夫と向き合っている。子供は結婚より学ぶことがある」と力を込めた。一方で、二九歳と一七歳の娘は未婚だ。「早く結婚すると暴力を受けるといった経験を話したので結婚に幻滅したのかもしれない」と話した。

——未成年での結婚を逃れても、イスラム女性の結婚生活は平たんではない。特に、複数の妻帯が許されているため、その家庭生活は緊張を抱えるものとなる。

2　一夫多妻　燃え上がる嫉妬心（サウジアラビア）

夜は日替わりで順番に

「お前が一番だ」とは言わない。プレゼントは同じ物を贈り、夜は日替わりで順番に過ごす——。サウジアラビア東部に住むイブラヒムさん（六五）が、四人の妻と円満に暮らすコツを打ち明けた。国営企業を定年退職した後、収入は減ったが、それでも月七〇〇〇リヤル（約二一万円）の稼ぎがある。「四人を愛するにはお金も体力も必要だ」と付け加えた。

イスラム教の聖典コーランは、男性に最多で四人の妻帯を認める。戦争で夫を亡くした妻らを救うため、七世紀以降に教えが広まった。教義に厳格なサウジでは、平等に接することを条件に重婚が法的に認められている。

高い塀に囲まれたイブラヒムさんの自宅は四階建て。妻一人につき一フロアが与えられ、入り口も別々だ。イブラヒムさんの出入りが、他の妻の目に触れないようにするためで、妻たちの嫉妬心をかき立てない「家内平穏」の工夫の一つだ。

この日、イブラヒムさんが夜を過ごす「第三夫人」の看護師ファティーヤさん（四四）は夕方になると、口紅をひきなおし、化粧を整えて夫の訪問を待っていた。他の三人の妻と一つ屋根で暮らす生活について、「四人姉妹のように仲がいいのよ。夫の相手は四日に一度ぐらいでちょうどいい」と明るく笑った。

だが、この境地に至るまでには長い道のりがあった。「私もずいぶん泣いたのよ……」。少し沈黙した後、ファティーヤさんが過去を語り始めた。

初婚は一四歳の時、相手は五歳上のいとこだった。当時、サウジでは一〇代前半での結婚は珍しくなかった。「私はまだ子供よ。結婚なんかしたくない！」と反抗したが、両親の意向には逆らえなかった。結局、結婚生活を受け入れ切れなかったファティーヤさんは、一週間で新居を飛び出し、離婚。「結婚なんてもう一生しない。ずっと一人で生きていく！」。そう心に決めたという。

だが、独り身で暮らしていくのは想像以上に大変だった。二〇代後半になると、実家では肩身が狭く、寂しさがこみ上げた。「再婚していいかも」と気持ちが変わったが、ファティーヤさんには目指すポジションがあった。それは、「第四夫人」になることだった。理由は二つ。やりがいを感じていた看護師の仕事を続けるにあたり、四番目であれば家事の負担が少なそうだから。そして、夫の相手をするのは四日に一度でいいし、夫は自分より後に妻をめとることができないので、夫にとっての「最後の女」になれるからだ。「嫉妬に苦しむことがないと思ったのよ」と打ち明けた。

男女の空間が分けられているサウジでは、縁談は基本的に親族が見つける。だが、妻を三人持つ男性との縁談は、なかなか来なかった。そんな時、知人の紹介で出会ったのがイブラヒムさんだった。当時、イブラヒムさんに妻は二人だけ。「これでは第三夫人になってしまう」と思い、何度も断ったが、粘り強い猛アタックを受けて、ファティーヤさんの気持ちもイブラヒムさんに傾いていった。二九歳で再婚。「条件」は妥協した。

結婚生活は幸せだった。二人の妻からは嫉妬され険悪だったが、「女だもの。嫉妬は仕方のないこと」と苦にはならなかった。夫に愛されていると実感でき、「この人は、第四夫人を迎えるはずがない」と確信していた。だが、数年たった頃、突然夫の「出張」が増え、家に帰って来る日が少なくなった。「最近、随分忙しいのね……」。仕事なのだから仕方ないと待っていたが、ついに恐れていたことが起きた。

四人目登場、妻三人で慰め合い

出張から帰ってきたイブラヒムさんの隣には、若い女がいた。「今まで黙っていたが、新しい妻だ。仲良くやってくれ」。第四夫人だった。二人の間には既に子供もいた。「言うと嫌がるだろうから」と、第四夫人との結婚は秘密にされていた。

「なんで私だけじゃ駄目だったの？」「もう私のことは愛してないの？」。ファティーヤさんは毎晩泣きはらした。悪気を感じる様子もないイブラヒムさんに「新しい妻をめとるなんてひどい！」と責めたかったが、「妻を四人持てるのは神が男性に与えた権利」と思いとどまった。嫉妬の「経験者」の第一、第二夫人との距離が一気に縮まり、三人で慰め合った。

ただ、イブラヒムさんは相変わらず優しかった。ファティーヤさんは、夫を嫌いになることができず、次第に許せるようになった。第四夫人も、話してみると気さくな女性だった。そして、ファティーヤさんには、ある悟りが生まれたという。

「彼の心が四分の一になったんじゃない。彼は心を四つ持っている」。

一つの心を四人に分け与えていると思うと、自分は何％を占めているのかと考え、他の妻と競い合い、気持ちが苦しくなる。だが、四人それぞれに心があるのだと考えられるようになってから、気持ちが楽になった。

今では、他の三人の妻と日中集まっては、お茶を飲みながらイブラヒムさんについての愚痴を言い合うのが、楽しい日課だ。イブラヒムさんの機嫌や、食べた料理について、大切な情報共有の場となっている。ファティーヤさんは、子宝に恵まれなかったが、他の妻の小さい子供たちが、「今日、一緒に寝てもいい？」と枕を抱えて部屋にやってきたり、「ママには内緒だけどね……」と学校での出来事を打ち明けてくれたりする時には、たまらなくいとおしく、幸せな気持ちになる。ラマダン

（断食月）中には、日没後の断食明けの食事「イフタール」をみんなで集まって食べる。子供は第一夫人との間に八人、第二夫人との間に六人、第四夫人との間に三人の計一七人いる。「家族が多いほど、楽しいことも増える」と、ファティーヤさんは今、「第三夫人ライフ」を満喫している。

一方のイブラヒムさんは、何人もの女を本当に平等に愛せるのか？　コーランの第四章「女」には「大勢の妻に対して全部に公平にしようというのは、いかにそのつもりになったとてできることではない」との記述もある。イブラヒムさんは「いつも平等に愛することなんて出来ない。でも平等に扱うことは出来る」と打ち明けた。第一夫人は、まだ自分が若造だった頃からずっと自分を支えてくれた。第二夫人は子育てを頑張ってくれた。第三夫人のファティーヤさんは、安らぎを与えてくれた。その時々で、今は第一夫人が一番いとおしいとか、第三夫人が一番好きだとか、第四夫人が一番話が合うとか、そういう気持ちはある。ただ、それを「妻たちに気付かれてはならない。夜一緒に寝る順番は一、二、三、四夫人の順番を守り、決して崩さない。『お前が一番だよ』とは絶対に言ってはいけない」と言う。妻同士の情報交換で、「彼は、私のことが一番好きだと言っていた」と公言すれば、たちまち嫉妬の嵐が吹き荒れるためだ。「どの妻の前でも同じくらい笑顔でいることが大事で、四人の妻を持つには我慢も必要だ」と強調した。

イブラヒムさんの多妻には別の目的もある。「ライバルがいることで、妻たちが絶えず美しくいようと努力してくれる」ことだ。同じ場所に一緒に住むことで、女たちは自分がいつまでも愛されるように競い合うというのだ。新しい妻をめとるたびに、元の妻たちは「なんで新しい妻が必要なの！」

と怒るが、そのうち慣れて理解してくれるという。イブラヒムさんは、「神はなぜ、妻を四人までにしたのだろう。許されるなら、五人でも六人でも結婚したいくらいだ。だって男はできるだけ多くの女に囲まれていたいと思う。当然だろ?」と、冗談っぽくも本音をもらした。

重婚の七割離婚

一夫多妻はイスラム圏に多く存在するが、家族計二二人のイブラヒム家のような「成功例」は珍しい。最近は確実に先細りしているのが実情だ。エジプトでは現在、重婚の約七割が離婚する。サウジで複数の妻を持つ割合は過去二〇年間で、約三割から一割弱に減った。カタールでも、一夫多妻の割合は五%に満たないとされ、アラブ首長国連邦(UAE)でも減少している。モロッコでは、第二夫人をめとるためには、第一夫人が病気だったり、子供を産めなかったりする「正当な理由」が必要となる。トルコは一夫多妻を禁止し、重婚には禁錮刑が科される。

減少の背景には、原油安などで多妻を養う男性の経済力が低下したことがある。さらに、インターネットの普及で、この地域にも欧米の価値観が流入し、女性の権利意識が高まった。宗教界でも変化がみられ、サウジでは二〇一八年、著名なイスラム法学者が「男は妻一人で満足すべきだ。重婚男性のほとんどは女性の権利と名誉を満たせていない」と発言した。エジプトでも、イスラム教スンニ派の最高権威・アズハル機関の指導者が、「一夫多妻制は女性と子どもに対して不公平となることがよくある」と述べ、問題点を指摘した。若者や女性は、SNS上などでこうした発言を歓迎した。一夫多妻の生活に、女性らの不満が渦巻いていることを物語る。

妻同士の確執、子作りで逆襲

「私の所には全然来てくれない。不公平だわ」。サウジ東部に住むラジオ局勤務のアラファートさん（四二）は怒りをあらわにした。会社員の夫（四〇）が「第一夫人」（三五）の家に入り浸り、「第二夫人」の自分をないがしろにしているというのだ。

夫とは七年前、フェイスブックを通じて知り合った。カタールでの仕事を手伝ってくれないかと依頼があった。その後、友達として付き合っていたが、二か月後にプロポーズしてきた。離婚歴のあるアラファートさんは、彼に妻がいることを知り、「妻がいる人とは結婚しない」と断ったが、その後話し合いを重ねるうちに、いつの間にか彼のことを愛していることに気付いた。「今の奥さんが、了承してくれるんだったらいいわよ」といって再婚した。

アラファートさんの場合、「第一夫人」とは、車で約一〇分ほど離れた距離に、それぞれ戸建てに住んでいる。当初は一日交代で妻二人の家を行き来し、アラファートさんの前夫との間の子供もかわいがってくれた。だが、「第一夫人」の「逆襲」が始まると、夫の態度が変わっていった。

「逆襲」の手段は子作りだった。アラファートさんは再婚前、夫から「妻に拒否され、長くセックスレスだ」と聞いていた。だが、アラファートさんとの結婚後、第一夫人は急に性生活に積極的になったらしい。二年おきに三人の子供を出産した。子供が生まれるごとに、夫は「子供は父親と一緒

サウジアラビア東部で、夫に携帯電話でメッセージを送るアラファートさん。夫が別の妻の家にいる時、電話しないのが妻同士のルールだ（倉茂由美子撮影）。

に過ごす時間が必要だ」と言い、第一夫人の家に居る時間がどんどん長くなっていった。そのうち、アラファートさんの家に来るのは、二日に一回、三日に一回……。今では週一回しか顔を見せない。

再婚当初は、「自分は第二夫人になっても、嫉妬なんかせず、うまくやれるだろう」と考えていた。だが、気が付くと、「あっちの家で、今頃何をしているのかな、とつい考えて止まらなくなる。だからそういう夜は長くなる。仕事もあって、自立している私が、こんなに嫉妬するとは思わなかった」とため息をついた。

第一夫人は、高校在学中に夫と結婚し、専業主婦になった。アラファートさんも最初の夫とは高校在学中に結婚したが、出産を経て大学に入り、子育てしながら第一線でバリバリ働いてきた経歴は異なる。第一夫人について、「教養も社会経験もなくて世間知らず。問題はばかではないこと。賢くてしたたかな女よ」と吐き捨てた。

そんなアラファートさんが、まだ強気でいられるのは、夫と過ごす時間が短くなっても「私の方が愛されているという自信がある」からだ。

第一夫人は、家にばかりいて海外に行ったことがないが、アラファートさんは、夫に海外旅行に頻繁に連れて行ってもらい、誕生日には高級ホテルでサプライズパーティーも開いてもらった。仕事で夫が海外に行く時も、夫の友人や会社のパーティーの場でも、妻として同行するのは、第一夫人ではなく第二夫人の自分の方だ。「自慢できる妻は私ってこと」と笑い、小声でこうも言った。「夜も、私の方が満足させている自信がある」。

第一夫人への強烈な嫉妬

アラファートさんの世代では、女性は高校生で結婚するのは一般的だった。親同士が「ふさわしい相手」をみつけ、いとこ同士での結婚も多い。そのため、最初の妻は「親が選んだ相手」で、第二夫人以降は、「夫自身が見初め、ほれた女」とみられる傾向がある。こうしたサウジならではの結婚事情も、アラファートさんの自信を裏付けているようだ。

夫の最近の行動に不満を抱くアラファートさんも、夫にプロポーズされた時のことを思い出すと、複雑な気持ちになる。第一夫人を大切にする性格であることは最初から分かっていて、それが再婚の理由だったためだ。

アラファートさんの最初の夫は浮気性だった。外で女性と親密になっては、それを察してとがめると、「男は第二夫人だって、第三夫人だって持てるんだぞ」と正当化し、重婚をちらつかせて黙らせた。「あの人には、全然大事にしてもらえなかった」。

離婚後、メディアでも活躍する美貌のアラファートさんには、結婚の申し込みが殺到し、計一二人からプロポーズを受けた。だが、みんな気にくわなかった。全員が既婚者の上、「今の妻とは離婚する」「もう妻のことは愛していない」「僕がこれから愛するのは君だけだ」と言ったからだ。アラファートさんは、前夫の姿を重ね合わせ、「妻をないがしろにする男は、いずれ私のこともないがしろにする」と確信していた。

だが、今の夫だけは違った。仕事を通じて知り合い、海外でのプロジェクトを一緒に成功させた。その後のプロポーズで、彼が言った言葉は、「今の妻も愛しているし大切だ。僕や子供たちに尽くしてくれて感謝している。でも君は、彼女とは別の形で僕の人生のパートナーになれると思う」。この「誠実な言葉」が決め手だった。

再婚後は、家賃や食費、使用人の給料として、夫から月約一五〇〇ドル（約一六万五〇〇〇円）を受け取っている。そのほか、旅行費や買い物代は別途もらい、月五〇〇ドル（五万五〇〇〇円）程度になる。

だが、第一夫人が週六日、自分が週一日という現在の「不公平」は耐えがたい。アラファートさんは、今までほとんど顔を合わせたこともない第一夫人を意識しながら、「この状態が続けば、結婚を続けるか考え直す」と言い切った。

——複数の妻を持つ夫との結婚で悩む女性もいれば、自分をレイプした男を夫にする女性もいる。

3　強姦加害者との夫婦関係（モロッコ）

レイプ後、「僕と結婚するしかない」

「毎日毎日、殴られ、蹴られ、過激な性行為を強要された。死んでしまいたかった」。モロッコ中部の村で、サルワさん（仮名、二二）が、二年に及ぶ凄惨な結婚生活を語り始めた。

一九歳の時、近くに住んでいた携帯電話店の店員（三〇）と知り合った。店に行くたびに店員から「きれいだ。好きだ」と言われ、病弱で内気なサルワさんも、「こんな私を好きと言ってくれるなんて。いい人かもしれない」と思い始めていた。

だが、ある日男に誘われ、ジュースを飲むと、急に眠気に襲われ気を失った。目が覚めたのは暗い森の中。衣服が乱され、下着には血が付着していた。レイプされていた。「なぜこんなひどい事を……」と泣くと、横にいた男は「これで君は僕と結婚するしかないね」と笑った。

イスラム教では、性交渉は夫婦間でのみ許される。それ以外は「姦通」とみなされ、厳しい処罰の対象とする。

特に女性は、結婚まで純潔を守ることが重視され、それが家族の名誉ともされる。このため、処女でなければ結婚できないか、結婚できても後に発覚すれば離婚される場合が多い。

モロッコでは二〇一四年まで、レイプの加害者が被害女性と結婚すれば、罪に問われない法律が

モロッコ中部で、母アミナさんに抱き寄せられながら、暴行や結婚生活について語るサルワさん（右）（倉茂由美子撮影）。

あった。生涯結婚できない被害女性を救済し、家族をスキャンダルから守る狙いだ。「女性の生活を保障するために必要」「女性が家族から殺害されるのを救える」などと支持する人もいる。中東の主要国には同様の法律が存在してきた。

サルワさんを襲った男は、こうした風潮を逆手にとり、サルワさんと結婚する目的で、乱暴をした。男はサルワさんに、「俺と肉体関係を持ったことを両親に伝えろ。『結婚したい』と言うんだ」と迫った。サルワさんは「そんなことをすれば、家族は気をおかしくしてしまう」となかなか言い出せずにいた。しびれを切らした男は、約半年後、サルワさんの家に勝手に押しかけ、「お嬢さんと交際しています。結婚させてください」と申し込んだ。

「交際相手」の存在も知らなかったサルワさんの両親は、近所で男の評判を聞いて回ったが、良い話は一つもなかった。「ろくでもない男だ」「頭が狂ったやつだ」「結婚は絶対にやめた方がいい」と散々だった。サルワさんの母アミナさん（仮名、四五）が、電話で結婚を断ると、男は「娘さんは、すでに俺にレイプされている。結婚させるしかないんですよ」と言い放った。サルワさんの両親は激怒したが、「もう娘は、他の男とは結婚できない」と考え、結婚をしぶしぶ承諾した。

処女を失った女性が結婚できないという風潮は変わらないためだ。エジプトの女性団体によると、中東地域で暴行を受けた未婚女性の九五％が加害者と結婚しているという。

結婚で免罪、母の後悔

平穏な「新婚生活」はほんの二、三日だった。すぐに男からの暴力が始まった。サルワさんが病気の時にも性行為を拒否することは許されず、気にくわないことがあればすぐに殴られた。頭を強くたきつけられて、気絶することも度々あった。「裸で外に放り出されたくなければ、言うことを聞け」と脅され、火で熱したナイフを体に押しつけられたこともある。サルワさんの体は次第に傷だらけになっていった。精神も不安定になり、自分でも手首を切りつける自傷行為をするようになった。過食と拒食を繰り返し、心身ともにぼろぼろになっていった。

心配した両親が家を訪ねても、男に追い返され、サルワさんに会わせてくれなかった。路上で殴られたこともあったが、周囲の人が止めに入っても、「夫は自分の妻に何をしてもいい権利がある」と言って暴力を止めなかった。警察に通報しても、「単なる夫婦げんか」とみなされ、駆け付けてくれなかったという。

「誰も助けてくれない。このままでは死んでしまう……」。サルワさんが限界に達し、気力を振り絞って夫の元を飛び出したのは二年後だった。今は実家に身を潜め、離婚手続きを進める予定だ。

サルワさんは最近、「ユーチューブ」に自身の経験を語った動画を投稿した。匿名で、顔も布を巻いて隠したままだが、「レイプされたら、勇気を出してすぐに警察に届け出て。絶対に結婚しては駄目」と訴えている。自分と同じような目に遭う女性たちを減らしたいとの思いからだ。サルワさんは、「あの時は、結婚が唯一の選択肢だと思っていたが、違った。最悪の道を選ばないでほしい」と話す。

母アミナさんも、「『娘を守るため』と考えて結婚させたが、私が間違えていた」と悔やみ、「レイプする男がいい夫になるはずがなかった」と言って、サルワさんを抱きしめた。

強姦の被害者と結婚すれば免罪になるという法律は、女性の人権抑圧との批判が高まり、近年、モロッコ以外の国でも撤廃の動きが進む(8)。

ヨルダンでは二〇一二年、一四歳の少女が、一九歳の男に拉致され、三日間暴行されるという事件が起きた。男は警察に逮捕されたが、その数日後には少女との結婚に合意したとして、釈放された。この事件が大々的に報じられ、撤廃の機運が高まり、二〇一七年に撤廃された。

レバノンの首都ベイルートでは、女性への暴力根絶を目指す民間活動団体（ＮＧＯ）が、切り裂かれたウェディングドレスを街中につるすキャンペーンを展開し、「被害者との結婚で無罪」の条文は二〇一七年に撤廃された。

エジプトでは一九九九年、中東諸国で最も早くこの規定を撤廃した。だが約二〇年たった現在も、被害女性と加害男性との結婚は続き、事件化されるのはごく一部だ。二〇一六年の統計では、約三五〇人の女性が強姦被害を警察に届け出た。だが、エジプトの市民団体によると、実際には年間二〇万件を超える性被害が発生し、その約半数は強姦だとの推計があるという。

結婚式で泣き続ける花嫁

「私が娘を壊してしまった」。エジプトのある村に住む商店主のアフマドさん（仮名）は、娘モナさん（仮名、一七）を強姦した男（三五）と結婚させたことを後悔し、うつむいた。

二〇一七年三月、モナさんは、近所に住む大工の男に乱暴され、局部から大量に出血した。だが、アフマドさんは「娘が処女を守れなければ一家の恥だ。こんな小さな村で誰かに知られれば、住んでいられなくなる」と、医者や警察に連れて行かず、男と結婚させる交渉を急いだ。「結婚なんて絶対に嫌よ！」と拒むモナさんを強引に説き伏せた。

「普通の結婚」を装って開いた結婚パーティーでは、白いウェディングドレスに身を包んだモナさんが、ずっと泣いていた。結婚後、モナさんの様子はどんどんおかしくなっていった。食事もろくに食べずやせ細り、急に泣き出したり、大声で叫んだりして、精神が不安定になっていった。

数か月後、両親はモナさんを自宅から離れた病院に連れて行き、女性医師に全てを打ち明けた。医

（8）　強姦被害者と結婚すれば罪に問わないとする法律の条文を撤廃した国
エジプト（一九九九年・刑法二九一条）、モロッコ（二〇一四年・刑法四七五条）、チュニジア（二〇一七年・刑法二二七条）、レバノン（二〇一七年・刑法五二二条）、ヨルダン（二〇一七年・刑法三〇八条）。

師は、モナさんを加害者の男からすぐに離すよう指示し、「時間をかけて、適切なカウンセリングを受ける必要がある」と診察した。だが、モナさんの状態はなかなか改善せず、「人に会うのが怖い」と言って、カウンセリングのための外出もできない状態が続いているという。

アフマドさんは、「何の落ち度もない娘の心よりも、家の名誉を優先してしまった。父親ならば、たとえ他人から笑われようが、何よりも愛する娘の味方でいるべきだった」と話し、深いため息をついた。

4 異教徒との愛　破局へ（パレスチナ・ヨルダン川西岸）

自宅軟禁、そして逃亡生活へ

イスラム圏の結婚はイスラム教徒同士が前提だ。異教徒との間で禁断の恋に火がつくと、事態は思わぬ方向に展開していく。

「家の近くに着いた。待っている」。家族が不在の昼過ぎ、携帯電話に交際相手からのメッセージが届いた。「すぐに向かう」。パレスチナ人女性のエバさん（仮名）はこう返信すると、体がようやく通るほどの小窓に身を乗り出して部屋を脱出した。外に出ると、近くの細い路地で交際相手の男性（三〇）が白いレンタカーで待機していた。

エバさんは八か月間、東エルサレムの自宅で家族に監禁されていた。「もう家に戻ることも、家族に会うこともできなくなる。それでも彼と一緒にいたい」。エバさんは車に乗り込み、男性が用意していたイスラエル北部の小さなアパートに身を隠した。「君を守る。結婚してほしい」。その日、男性からプロポーズされた。受け入れた。今から一七年前、二一歳の時だった。

駆け落ちしたのは、異教徒の男性との交際が宗教上、許されなかったためだ。彼は同じパレスチナ人だが、キリスト教徒だった。多くのイスラム諸国ではイスラム教徒と非イスラム教徒との結婚は極めて困難とされる。レバノンでは、民法に基づき、国外で署名すれば、異教徒との民事婚が認められている。このため、イスラム教徒とキリスト教徒は国外で婚姻関係を結ぶ。中には、国内で民事婚を成立させようとするカップルもいるが、宗教界から猛烈な非難を浴びた。

パレスチナ自治区のヨルダン川西岸で、前夫との結婚の経緯を語るエバさん（金子靖志撮影）。

エバさんの両親もイスラム教徒以外とは結婚しないように教育してきた。これを破れば、家族との縁を切るだけでなく、身の危険を伴うことになる。

エバさんには一七歳の時に親が決めた婚約者がいた。「好きじゃない相手と結婚するなんて嫌！」。不満をため込んでいたが、周囲から「イスラム教徒の女性は見合い結婚が当然」と言われ、悩みを打ち明ける相手がいなかった。そんな時、エルサレムの職業訓練学校に通うバスで毎日顔を合わす男性がいた。数か月が過ぎ、少しずつ言葉を交わすようになった頃、彼から「付き合っている人はいるの？」と聞かれた。婚約者の話をすると、彼は「せっかくの自分の人生なんだから、好きな人と結婚した方が絶対に幸せだ」と話した。彼の「宗教に縛られない自由な考え方」にひかれ、周囲に気付かれないように交際が始まった。

そんな時、同じ車に乗っているところを親族に目撃された。異教徒と二人きりで車に乗る行為は、宗教上、禁じられる婚前交渉があったと解釈されてしまう。エバさんの親族は「我々一族への裏切り行為だ」と激高したという。父親はエバさんを何度も殴り、「あの男とは二度と会うな」と自宅にある離れの部屋に閉じこめ、鍵をかけた。顔は腫れ上がり、「家族も、イスラム教の社会も大嫌い。すぐに家を出たい」と強く思うようになったという。

宗教になじめずに破綻

エバさんは交際相手とイスラエル北部に逃亡後、兄に居場所を突き止められ、「一族を汚す行為は許されるものではない」と殺害を予告された。

婚姻関係にある男女以外の性行為は「姦通」とみなされる。家族の名誉を傷つけたとして行われる「名誉殺人」の根拠とされる。

エバさんの夫は、イスラム教徒に改宗して正式に夫となり、エバさんに危害だけは加えないよう親族を説得した。だが、許してもらえずに身を隠す生活が続いた。「頼れるのはこの人だけだ」と夫との絆が強まり、その後二人の娘に恵まれた。

エバさんは「この困難は乗り越えられる」と思ったが、勘当状態で両親や親族に会えないつらさが次第に強くなった。夫にとっては、イスラム教の日々の戒律(9)が苦痛になった。

イスラム教は飲酒について「あなたがた信仰する者よ、誠に酒と賭矢、偶像と占い矢は、忌み嫌われる悪魔の業である。これを避けなさい」として禁じる。豚肉についても「死肉、流れ出る血、豚肉。それは不浄である」として食べることを認めない。また礼拝は一日五回行うことが求められている。夫はこうした決まりが苦痛になったのだ。

二人とも不満を相手のせいにするようになり、口げんかの日々が続いた。「こんなことなら、何のために一緒になったのか分からない。お互い不幸になるばかりだ」。夫の放ったこの言葉を機に三年前に離婚した。夫はその後、イスラム教徒からキリスト教徒に再び改宗した。

(9)　イスラム教徒が守るべき日常的な主な戒律
メッカの方向に向かって礼拝（夜明け前、昼、午後、日没時、夜)。豚肉を食べてはいけない。豚のエキスや油脂、調味料や添加物に含まれる豚由来の成分の入った食品も不可。牛肉や鶏肉の場合もイスラム教の戒律に従って食肉処理、加工されたものでなければ食べてはいけない。アルコール飲料を飲んではいけない。酒類が使われた食品も口にしてはいけない。

エバさんは今も親族から身を隠し、一六歳と一三歳になった娘たちと暮らす。「夫は初恋の相手。当時は好きな人と結婚すれば必ず幸せになると信じていた。でも、それは違った。当時は『逃げたい』という思いが強くなって周りが見えなくなっていた。家族も自分の将来もどうでもいいと思ってしまった。異教徒との結婚は、全てを捨てる覚悟がなければ、今の私のようにつらい思いをする結末を迎える」。エバさんは身を隠しているアパートの片隅で、複雑な思いをのぞかせた。

5　遅れる婚期　持参金ない男性（パレスチナ・ガザ）

「職がなければ、縁談の資格ない」

思い通りの結婚をできずに苦しむのは女性ばかりではない。結婚したくても踏み出せない男性の葛藤もある。

「もう結婚は無理かも……」。パレスチナ自治区ガザ中部の自宅で、スザン・サオードさん（二九）がこう漏らした。そばにいた父親（五七）が「結婚はアッラーが決めること。心配はない」と声をかけた。

スザンさんは七人きょうだいの長女として生まれた。母親から「家庭を築くことが女の幸せ」と聞かされ、ガザで結婚適齢期と言われている二〇歳までの結婚を夢見た。

だが、二〇歳になっても縁談はなく、そのまま九年が過ぎた。イスラム教の教えに厳格なガザでは、女性から男性への求婚はタブー視されるため、待つしかないという。

ガザでは今、スザンさんのように結婚をしたくてもできない女性が増えている。魅力がないわけではない。整った顔立ちで気立ても良く、男性の間でも人気の高いタイプだ。

大きな原因は、男性の多くが貧しく、結婚の持参金を用意できないためだ。

イスラム教のコーラン第四章「女性」の四節では、「女たちには彼女らへの結納（婚資）を贈り物として与えよ。それで彼女たちがおまえたちのためにそのいくらかを自ら快く辞退するなら、おいしく喉越し良くそれを食べるがよい」と記す。

パレスチナ自治区ガザで、縁談を待ち続けるスザンさん（金子靖志撮影）。

持参金の金額は地域によって違うが、ガザで比較的裕福なスザン家には民間の平均年収の約三倍に当たる二万五〇〇〇シェケル（七五万円）が相場とみられている。さらに、披露宴など結婚にかかる費用を合わせると、出費はかさむ。持参金は現金のほかに、物品や不動産も可能だ。イスラム法に基づく結婚は契約であり、持参金の支払なしに結婚契約は成立しないとされている。

「職がなければ、縁談を持ちかける資格はない」。スザンさんへのプロポーズを諦めたという男性（三〇）はこう明かした。ガザの有名大学を卒業し、五年前、趣味の美術を通じてスザンさんと知り合った。スザンさんは女性をモチーフにした写実的な絵が得意で、この男性は絵のタッチの繊細さにひかれて、言葉を交わすようになったという。ガザの学校は原則として男女別々に学ぶため、異性同士で会話する機会は少ない。男性はスザンさんに声をかける時、かなり躊躇した。

だが、勇気を振り絞って声をかけると、スザンさんの気さくな人柄や年齢の近さから、すぐにうち解けることができた。そのうち、スザンさんの優しさや気遣いに触れ、プロポーズを真剣に考えるようになった。

だが、男性は失業状態が続いた。ようやく就職した土木関係の仕事は月収二〜三万円程度で、日雇いの不安定な仕事だった。「持参金を用意するには数年はかかってしまう。あまりにも道のりが遠かった」と振り返る。男性は徐々にスザンさんと距離を取り、今では連絡しなくなったという。

婚姻数減少、独身決意も

二〇一九年に世界銀行が公表した資料によると、ガザの失業率は二〇〜三〇歳代で七割を超え、世界最悪のレベルだ。〇七年にイスラム主義組織ハマスがガザを制圧して以降、敵対するイスラエルが封鎖政策を取り、人や物の移動が厳しく制限され、ガザ経済は疲弊した。ハマスとイスラエルとの度重なる戦争で街も荒廃し、仕事はなくなった。

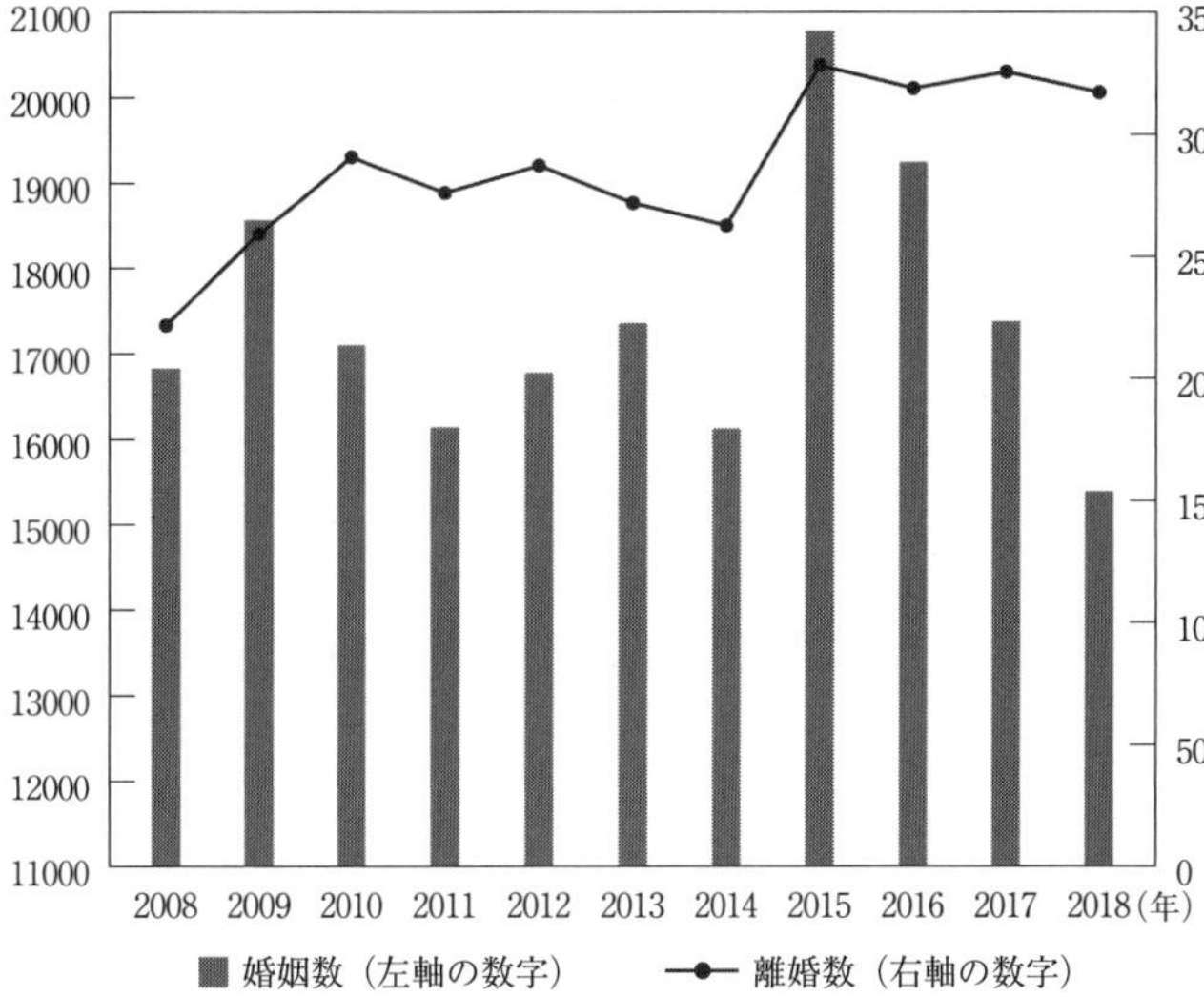

図４　ガザ地区の婚姻数と離婚数の推移（件）
出所：ガザ当局調べ。

状況の悪化に伴い、ガザの婚姻件数は減り続け、二〇一八年は約一万五〇〇〇件と過去一〇年間で最少となった。一方で離婚数が増加しており、一五年以降は年間三二〇〇件前後で推移し、〇八年比で四〇％以上増加した（図４参照）。ガザの婚姻数や離婚数を集計しているガザ市の家庭裁判所担当官は「情勢悪化に伴って多くの人が将来に希望が描けないことが大きく影響している」と話した。

スザンさんの母親は「必ず縁談がくる」と励まし続けたが、二〇一九年三月、自宅で急死した。スザンさんは「母親に花嫁姿を見せたかった」と悲しみに暮れたが、今は「一人で生きていくことを考え始めている」という。スザンさんとの結婚を諦めた男性は、少ない持参金で結婚可能な中流階級以下の家庭で結婚相手を探し始めているという。男性は「どの世界もお金がなければ満足に結婚できないが、イスラムの世界はこの点でより厳格だと思う」と語った。

ガザでは最近、結婚に頼らずに生きる女性が目立つ。ディマ・ショアシャーさん（三〇）もその一人だ。この一〇年間に縁談はなく、五年前、生涯独身に備え、ガザ北部で雑貨店の経営を始めた。自身が制作するカラフルな模様を描いた皿やマグカップなどの陶器が人気を集めて、二年前から売り上げが好調だという。ディマさんは「結婚すれば幸せになるとは限らない。やりがいを見つけて、人生を自分で切り開いた方が楽しい」と笑った。

第七章　妻たち

1　化粧　外ですっぴん、家で装い（エジプト）

「夫の前ではいつもきれいでいる」

エジプトの首都カイロ郊外の昼下がり。主婦バスマさん（三九）は、買い物を終えて家に帰ると、洗面所に駆け込んだ。「そろそろ夫が帰って来る。急いでお化粧しなくちゃ」。さっとポーチを開き、メイクに取りかかる。漆黒のアイラインを引き、濃いめのアイシャドーに、真っ赤な口紅。外出用のガウンのようなアバヤ（全身を覆う黒い衣装）を脱ぎ捨て、胸元と背中が大きく開いたワンピースに着替えた。

「夫の前ではいつもきれいでいる」。バスマさんのこのポリシーは、結婚して一七年たった今も、変わっていない。夫と一緒にいる時には、きれいでセクシーな服を着て、就寝中であっても、化粧を欠かさない。夫が朝出勤すると、化粧を落とし、外出する時にはすっぴんのまま髪の毛をヘジャブ（頭

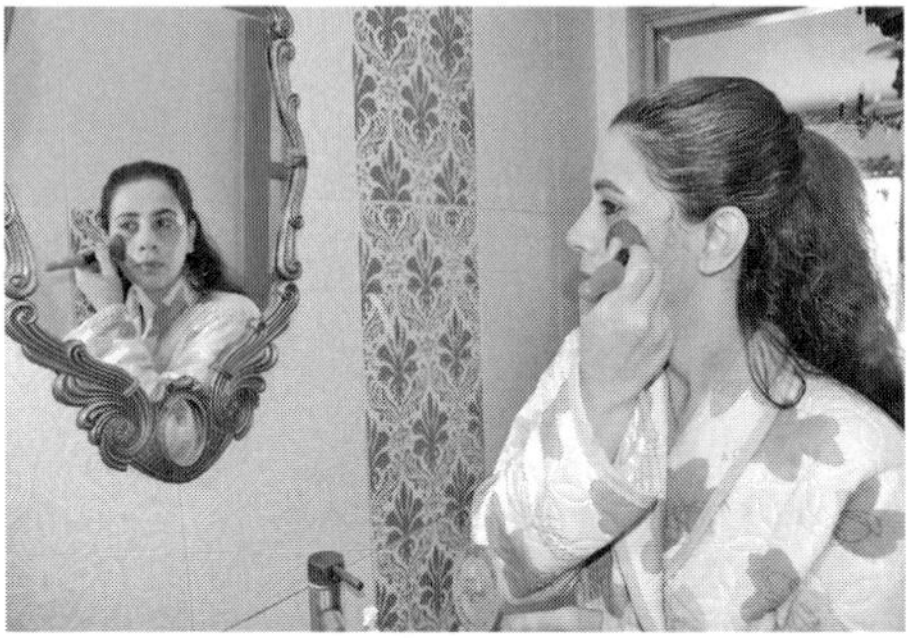

カイロ郊外の自宅で、夫の帰宅時間を前に、大急ぎで化粧をするバスマさん。結婚してから、夫に素顔をさらしたことはほとんどない（倉茂由美子撮影）。

髪を覆うスカーフ）で隠し、アバヤで全身を覆う。

出掛ける時に化粧をして着飾り、帰宅すると化粧を落としてゆったりとした部屋着で過ごす日本とは、正反対の行動だ。バスマさんは「私の美しい姿を見ることができるのは、夫だけの特権」とほおを赤らめ、こう付け加えた。「他の人に『きれいだ』と言われてもうれしくない。迷惑なだけよ」。

イスラム教の預言者ムハンマドは、「最良の女性は、夫が見て喜ぶ女性」と述べたとされ、妻は夫の前で美しくあるべきだと解釈される。さらに、男性は妻を四人まで持つことができるため、家庭の女性たちは結婚後も自分磨きに余念がない。

象徴的なのが、下着だ。カイロのダウンタウンやショッピングモールの女性下着店では、ショーウィンドーに、赤やピンク、青といった派手な色の妖艶な品々が並ぶ。「これとこれ、どっちがセクシー？」「男性は、どういう下着が好きなのかしら」。下着店の店員には若い男性も多く、意見を求める女性客もいる。

特に下着店が女性客で賑わうのがラマダン（断食月）の時期だ。ラマダン中は断食中の性行為が禁止され、それが許される日没後も、礼拝や親族訪問で忙しいため、ラマダンの約一か月間は禁欲状態となる。そのため、妻たちはラマダン明けに夫を喜ばせるため、下着を新調するのだ。

カイロ郊外の会社員マナールさん（五一）もラマダン中、下着を買い込んだ一人だ。最近、夫から「美しくいることに、手を抜いているな」とたしなめられ、「努力の証しを見せないと」と焦っていた。

言われてみると、確かに手を抜いていた。物価の上昇に加え、子どもたちの教育費がかさみ、夫の稼ぎだけでは生活が苦しくなってきた。数年前から会社勤めを始めたが、仕事と三人の子育ての忙しさで毎日疲れ切っていた。以前は、夫の帰宅前にシャワーを浴び、ヘジャブを巻いていたせいでべったりした髪の毛をふわふわに戻し、きれいな服に着替え、ばっちり化粧もしていた。だが、もはや自分の身なりに構う気力も体力もなくなっていった。

「なんなんだ、このくたびれた下着は！。俺を喜ばせる気はないのか!!」。夜、夫にこう言われて、ハッとした。長いこと下着を買っていなかったことに気付いた。以前は頻繁に新しい下着をそろえていたが、最近は少し体重が増えたこともあって、使い古して生地が伸びたくらいの下着が楽だったからだ。「何十年も夫を満足させなくてはいけないなんて、妻は疲れる。理不尽よ」。夫の前では口に出せない不満をため込んでいる。

下着五〇着、若妻の新婚生活

一方、新婚生活を夢見る若妻は意気揚々だ。「当面、これだけあれば彼を満足させられるわよね」。

結婚式を一週間後に控えたカイロ郊外のアスマさん（二四）は、新居に持って行く「嫁入り道具」の荷造りの最中、大きなスーツケースに新品の下着をぎゅうぎゅうに詰め込んだ。上下そろいの下着に、レースの透けたネグリジェ――。「この時のために」と、約五〇着を数年かけて買いためてきた。

「初夜はまず、この真っ白なブラにネグリジェ。次の晩はこの紫色。その次は……」。新婚生活スタートのシミュレーションは万全だ。エジプトで結婚式を終えた夫婦は、初夜を過ごした後、そのまま数日～一週間ほど新居にこもるのが一般的な過ごし方だ。イスラム教では、男女とも配偶者以外との性交渉は禁止されているため、これまで抑えてきた性欲を一気に解き放って性生活にいそしむ。男性は、男として機能することを、女性は処女だったことを証明し、夫婦にとってだけでなく、両方の家族にとっても重要な期間だ。妻は、経済力に応じ、結婚から一か月ほどは毎晩新品の下着を身に着けるという。

アスマさんの荷物には、とっておきの「秘密兵器」も入っていた。キラキラした装飾がついたベリーダンスの衣装だ。ダンスが得意なアスマさんは、「夜、これを着て踊れば、彼は私のとりこよ。他の女によそ見なんてさせないわ」と自信たっぷりだ。

エジプトでは、約一五年前から、新婦の友人らが結婚祝いにベリーダンスの衣装をプレゼントするのがはやり始めた。それが次第に定着し、最近は、「嫁入り道具」の一つとして多くの女性が自らベリーダンスの衣装を購入し、新婚生活に備えるようになったという。寝室でベリーダンスを披露して、夫の興奮を高めるのが狙いだ。

アスマさんの結婚相手は、幼い頃からよく知っている二歳年上のいとこ。「優しくて、誠実で、完璧な男性」と信頼しているが、心配はぬぐいきれない。夫が自分だけでは満足しなければ、他に三人の妻を持てるためだ。

アスマさんの母親も、夫が第二夫人をめとったりしないよう、おしゃれや美容は手を抜かずにやってきた。「女は常に多妻のリスクを背負っている。美しくいる努力を絶やさず、夫から女として愛され続けなければ生きていけない」と妻の哲学を披露した。母親は、人生最大のイベントを控えてはしゃぎ気味の娘を抱きしめ、目を潤ませながらこう激励した。「いい？マンネリは駄目。毎日違う自分を見せて、夫をドキドキさせ続けるの。大事なのは、結婚してからよ」。

――妻が夫の気を引こうとしているうちは結婚生活もうまくいく。しかし、女性の外出に関する習慣でパートナーに失望することも少なくない。

2　後見人制度　夫なしでも出かけたい（サウジアラビア）

出国審査で足止め

「婚約者の男に旅行を台無しにされた！」。サウジアラビア東部に住むタハニさん（三七）は、五年前の苦い体験を思い出した。家族で隣国バーレーンに旅行に出かけようとしたところ、出国審査でタハニさんだけ止められ、審査官にこう告げられた。「あなたには、後見人の許可がありません」。

イスラム教のコーランは第四章「女性」の三四節で、「男たちは女たちの上に立つ管理人である」としており、イスラム圏の多くの国では、女性は父親や夫、兄弟、息子ら男性親族を「後見人」にする必要がある。国によって、後見人の許可が必要とされる行為は異なるが、サウジでは、女性は後見人の許可なしに就職や旅行、刑務所の出所もできないとされてきた(10)。

タハニさんは、後見人として当局に登録していた婚約者から事前に旅行の許可を得ていたが、直前に喧嘩したため、婚約者がその腹いせとしてタハニさんの許可を取り消したのだ。結局、家族全員が旅行を中止して引き返す羽目になり、二人の仲はさらにこじれて婚約を破棄した。

タハニさんは「本来、女性を危険から守るための制度なのに、従順にさせるための手段に悪用された」と今でも腹の虫が治まらない。

わが子も治療に行けず

サウジ西部ジッダの主婦マルワさん（仮名、四五）は、「この制度のせいで、子どもにもつらい思いをさせた」と涙をぬぐった。三男が障害を持って生まれたため、サウジよりも優れた医師や医療設備が整った海外の専門病院で治療を受けさせようとした。だが、仕事の多忙な夫（五〇）は、会社を休めないと言って、「外国は危ない。女のお前一人では行かせられない」と反対した。「あなたの息子のためでしょう」と説得しても、夫の意見は揺るがない。仕方なく、マルワさんは三男を近所の病院に通院させて治療を続けたが、障害はなかなか改善しなかった。「もっといい治療を受けさせてあげられていたら、良くなっていたかもしれないのに……」と今でも後悔は収まらない。

マルワさんがこの制度のせいで悔しい思いをしてきたのは、夫と結婚する前、父親が後見人だった時も同じだった。高校時代、「海外で薬学の勉強をしたい」と心に決め、留学に必要な成績を取るために三年間猛勉強した。試験では全教科でほぼ満点を取り、学年トップクラスの成績を誇示しながら、父親に「カナダに留学したい」と伝えた。しかし、「駄目だ」と即座に却下された。理由は「女一人で行かせるわけにはいかない。お前の留学生活に付き添える男はいない」だった。その後、特に勉強ができたわけでもない五人の弟は全員、海外に留学した。マルワさんは、「私が一番努力した。なのに、女だからという理由でチャンスをもらえなかった」と今も納得がいかない。

結婚も父親が決めた。「この人と結婚しなさい」と言われ、婚約式の日に初めて今の夫と顔を合わせた。当時、マルワさんは二〇歳の大学生。「まだ結婚は早い。大学を卒業して、仕事をしてから相手を見つけたい」と思っていたが、父親には逆らえなかった。結婚すれば、後見人は夫に変わる。大学で学ぶうちに、「報道機関のリポーターになりたい」と夢を抱き始めていたマルワさんは、「この人は父と違って、私が海外に行くことや自由に仕事をすることを許してくれるかもしれない」という淡

(10)　後見人制度により生じる女性の行動制約の例
身分証明書の取得、政府サービスの受領、高等教育、就労、健康ケア、移動の自由（マレーシアの女性権利運動「ムサワ」が指摘）。

い期待に賭けた。

だが、状況はさらに悪化した。卒業後、夫はマルワさんの希望に一切耳を貸さず、就職先として許したのは地元女子高のアラビア語教師だった。「他の男性と接する機会がない職場」という理由だ。就職にも後見人の許可が必要で、拒否すれば、もはや家にいるしかなくなる。マルワさんは渋々受け入れたが、内心は悔しくてたまらなかった。

夫には旅行でエジプトやマレーシアに連れて行ってもらったことがある。だが、「全然面白くなかった」。サウジ国内にいるのと同様に、ニカブ（目以外の顔を覆い隠す布）を着用させられたためだ。海外でも夫以外の人と言葉を交わすことを許されず、レストランでも料理の質問は全て夫を介して行われた。「保守的な夫とこれ以上一緒に旅行するなんてまっぴら」とうんざりした様子だ。

後見人に翻弄された半生を振り返り、「私にだってやりたいことがある。どんなに努力して知識や能力を身に付けても、結局『女』というだけで歩む道が決められてしまう」と嘆いた。

妹の留学に便乗

女性の努力が、兄弟のねたみやわがままで台無しになることもある。西部メッカのサファさん（仮名）は海外の大学院に進学するため、大学で必死に勉強して優秀な成績を収め、政府の奨学金選考で見事合格した。すると、兄は「お前を一人で留学させるわけにはいかない。俺がついて行ってやる」と帯同を主張し始めた。奨学金では、男性親族が「後見人」として帯同した場合、後見人の生活費や学費も支給することになっていた。決して優秀ではなく勉学の意欲も低かった兄だが、妹の奨学金に便乗する形で、留学のチャンスを手に入れたのだ。サファさんは「お兄ちゃんは何の努力もしていないくせに」と面白くなかったが、それでも「自分が修士号を取得できるのなら、それでいい」と二人で渡航した。

現地での生活が始まると、兄は、「大学はやっぱりつまらないな」と言って行かなくなり、遊んで暮らしていたが、しばらくするとそんな生活にも飽きてしまった。突然、「サウジに帰る。お前も帰るぞ」と言い始めた。サファさんは「帰ったら学位が取れない。嫌よ、まだ勉強したい！」と必死で抵抗した。だが、後見人の同意なく留学を続けることは出来ない。途中で諦めざるを得ず、泣く泣く帰国したという。

サファさんは、「私たちのような『被害者』はそこら中にいるわ」と言い、「後見人制度は、女性を守るという本来の目的から離れて、男性を利するために使われている」と憤った。

SNSで世界に訴えた少女

タハニさん、マルワさん、サファさんの運命を変えるような出来事が起こったのは二〇一九年一月だった。サウジ人の少女ラハフ・アルクヌーンさん（一八）が、家族で訪れていたクウェートから、ひそかに一人で飛行機に乗り込み、タイ経由でオーストラリアに向かおうとした。後見人制度を理由に行動を規制する家族から逃れるのが目的だった。ところが、タイの首都バンコクの空港で飛行機を降りると、家族の通報で待ち構えていたサウジの大使館員に旅券を取り上げられたという。家族が待つクウェートに送還されそうになったラハフさんは、ツイッターで世界にＳＯＳのメッセージを発し続けた。

「家族に虐待されてきた」「私の送還に抗議して」。このメッセージが瞬く間に世界中に広がると、国連が動き、ラハフさんは難民として認定され、カナダに受け入れられた。ラハフさんの家族は後に「侮蔑的で不名誉な振る舞いをした、精神的に不安定な娘を勘当する」との声明を出した。

この出来事から七か月後、サウジ政府は、女性が旅券を取得したり、国外に渡航したりする際に、後見人の許可は不要になると発表した。女性の社会進出を促すムハンマド皇太子の社会経済改革の一環とみられているが、ラハフさんの「事件」後にも、サウジ人姉妹が海外に逃亡するケースが相次いだ。国際的な批判が高まったことが背景にあるかもしれない。一八年六月の車の運転解禁に次ぐ、女性の権利の「大きな前進」として歓迎された。

父に守られた留学生活

女性への抑圧の象徴とみられる後見人制度だが、後見人は必要との意見は男性だけでなく、女性の側にも存在する。

「留学に父が付いてきてくれなかったら、成し遂げられなかったわ」。国立大准教授で会社経営者でもあるキャロリンさん（四二）は一二年前、今は亡き父親に博士号取得のため、英国留学を認めてもらい、最初の一年間、ロンドンで一緒に暮らした。

初めての国外生活。男女の距離が保たれるサウジとは違い、大学でも住居の周辺でも、男女の交流が生じる国だ。「どんな男性なら関わっても大丈夫なのか、サウジ人女性には『免疫』がないため判断がつかない。父がいて守ってくれなかったら、危ない目に遭っていた可能性もある」と振り返った。

精神的なサポートも大きかった。借りた物件は家具なしのマンションで、留学生活は家具選びから始まったが、父親が新生活の立ち上げを全て受け持ってくれたおかげで勉強に集中できた。高レベルの授業の内容について行けず、毎日のように徹夜で予習復習をする日々。「私には無理。もうサウジに帰る」と父親に泣きついたことは一度ではなかった。だが、いつも「お前なら出来る」と励まし、サウジの家庭料理を振る舞ってくれたり、気分転換にカフェや観劇に連れて行ってくれたりもした。

一年がたち、キャロリンさんの留学生活が軌道に乗ったのを見届け、父親はサウジに帰国したという。

キャロリンさんは、サウジなどの後見人制度について、「制度自体に問題があるのではない。乱用する家族がいることが問題だ」と言い切る。

3　外出許可、月に一回（エジプト）

風邪薬購入でトラブル

エジプト南部マルサアラムに住むアザさん（三二）は二年前、水道局に勤務する夫のムハンマドさ

エジプト南部マルサアラムで、妻の外出許可について話し合う家族（本間圭一撮影）。

ん（四〇）から突然離婚を告げられた。理由は、熱を出した息子に風邪薬を飲ませるため、勝手に薬局に出かけたためだった。結局、両家族の調停で離婚には至らなかったが、ムハンマドさんは今でもこう言う。

「妻は夫の許しを得ず、外出してはならないのだ。それがこの土地の伝統だ」。

イスラム教は、女性は男性から守られる存在とする。預言者ムハンマドは「夫はモスク（イスラム教礼拝所）に行きたいと乞う妻を禁じてはならない」と発言したという。コーランは女性の外出許可制度を明記していない。だが、イスラム法学者は、最も崇高な礼拝に関して妻が夫の許可を求めているのだから、それ以外のことにも妻は夫の許可を得なければならないと解釈する。

ムハンマドさんの家では、許可があれば、どこでも行けるわけではない。人がいない砂漠や山に行っても問題ない。親族の家も許される。だが、街中を一人で歩くのは厳禁だ。「見ず知らずの男が一人でいる人妻を見てはならない」というのが持論だ。

家族で海水浴に行っても、人気がない浜辺に日傘を張る。アザさんがどこに行くにも、ムハンマドさんや家族の誰かが同行する。もし、許可を得ずに外出したら——。ムハンマドさんは「今度こそ離婚する」と断言した。

結婚したのは約一〇年前だ。ムハンマドさんの母親がアザさんを見つけ、息子に見合いを勧めた。ムハンマドさんはアザさんの父親に結婚の許しを得て、婚約指輪を贈った。結婚して一番驚いたのは、三週間に一度ぐらいしか外出できないことだ。外出といっても、実家に息抜きに行くか、夫と買い物に行くかのどちらかだ。通常は、自宅で長女（八）、次女（六）、長男（三）の面倒を見て、掃除や洗濯に追われる。一人で外に出た記憶は薬局ぐらいしかない。ムハンマドさんは「親父も祖父もみんなそうやって、妻を守ってきた。だから俺もそれを変えられない」と正当化した。

国連による中東四か国・地域での調査によると、エジプトでは、何を着るかも含めて男性が女性を管理する義務があるとする意見は、男女とも約八割に達した。女性がインターネットを利用する権利を認めるのは、女性が四二％だったのに対し、男性は二五％に過ぎなかった。

アザさんはムハンマドさんの決まりをどう思っているのか。「もう慣れた。私の母もそうだった。でも時々、退屈になるし、はっきり言ってこのしきたりは好きではない。緊急の用事があっても、外出には夫の許可が必要なの」と不満そうだ。アザさんはやがて、二人の娘を見ながら、「私の母も同じように耐えた。でも、自分の子供には、こんな環境で生活してほしくない。自分の意思で決断できるようになってほしい。頑張って勉強して、こんな古くて意味のない習慣を変えてほしい」と訴えた。

相次ぐ事件に改善策も

外出許可制度は多くの女性の意思に反するため、事件も起こる。アルジェリア北東部スキクダでは二〇一七年、娘（一七）を共学の高校で学ばせることに反対した父親を祖父が訴えるという騒ぎがあった。エジプト北部ミヌフィーヤの村では一八年、許可なく外出できない妻（三五）が、害虫駆除剤を服用して自殺した。夫は出稼ぎのため、七年間イタリアで働き、妻は夫の家族と生活していた。義父は妻が実家に帰ることを許さず、口論となり、妻は絶望したようだ。ヨルダンでは、許可なしに外出した妻を夫が離縁したニュースが話題となった。

大都市では外出許可は厳格ではなく、夫の許可を取らずに学校や市場や親元に行く妻は少なくない。しかし、地方に行くと、夫の許可を得ない妻は地域社会で非難され、場合によっては離婚されることもある。

各国では事態を改善する動きが出ている。エジプトの高等憲法裁判所は二〇〇〇年、妻が旅行するのをやめさせるという夫の権限を無効にする判断を下した。ヨルダン、クウェート、アルジェリアなどでも同様の法改正が行われた。サウジでは、女性は男性の許可がなくてもパスポート申請を行えるようになった。

——夫の管理下に置かれる妻たちのストレスはたまり続ける。それが爆発し、夫に愛想をつかした時、魔術の世界に足を踏み入れる妻もいる。

4　魔術師　夫に復讐（モロッコ）

茶色い物体、「髪に塗ったら人に好かれる」

「魔術市場」。モロッコの最大都市カサブランカには、こう呼ばれる香辛料市場が存在する。数年前までは、魔術に必要な動物の毛皮や金属、布片が大々的に陳列されていた。だが、最近は警察による「手入れ」が厳しく、店頭には並ばなくなった。イスラム教のコーランは第一〇章「ユーヌス」の八一節で、「アッラーはそれ（魔法）を無効にし給う。まことにアッラーは害悪をなす者たちの行いを是認し給わない」とし、神以外の力に頼ることを禁じてきた。魔術は取り締まりの対象となり、モロッコでは罰金刑が科せられる。しかし、この市場では、「魔法の品」を求める女性客が行き交う。

「うちの娘、今週お見合いがあるの。うまくいくように『あれ』、お願い」。二〇代後半の娘を連れてきた女性は、香辛料店に来るなり、男性店主マルワンさん（仮名、四五）にこう耳打ちした。マルワンさんは、パプリカやジンジャーといったスパイスが山盛りになった棚の下から茶色い固形物を取り出した。粘り気があり、中には様々なハーブが混ぜ込んである。マルワンさんは、それを手のひらサイズの大きさに切って新聞紙に包むと、女性にすっと手渡した。「いいかい、これを髪に塗ったら、少し時間をおいてカットするんだ。切った髪は海に捨てろ。人に好かれる効果がある」。娘は半信半疑の様子だが、母親は「きっとうまくいくわね」と喜んで帰った。

マルワンさんは代々、魔術師の家系だ。精霊「ジン」を体内に四つ持ち、その声を聞きながら魔術を使っている。

今度は、何やら落ち込んだ様子で、六〇歳代の女性が、足を引きずりながらやって来た。最近体調が優れず、不運な出来事が続いているという。マルワンさんは、動物の毛皮を二〇センチ四方に切ると、それを折りたたんで小さい正方形の袋に入れた。「これで、全てが良くなるさ。安心して」と励ました。

「何でも願いがかなう」という最強アイテムもあるという。木製の小瓶に、ハーブやハイエナの脳みそなど約一〇種類の物を一グラムずつ入れる。「誰にも知られずに、肌身離さず持っていること」で効き目があるという。脳みそは一グラム一〇〇〇ディルハム（約一万円）と高価だが、それでも、買いに来る人は多い。マルワンさんの店でも「売れ筋」だ。

やってくる客は、自分や身内の幸せを願う人ばかりではない。他人の不幸を願う人もいる。そうした時に使われる魔術は「黒魔術」と呼ばれる。香辛料店を始めたマルワンさんの祖父は黒魔術の「名手」で、マルワンさんはやり方を叩き込まれてきた。

「夫を苦しめて」「夫を殺して」

黒魔術で最近多いのは、夫の浮気に関する依頼だ。インターネットを通じて男女が知り合う機会が増えたためだという。マルワンさんは、「浮気関係」にある男女の写真を使って、二人を別れさせる魔術を勧める。だが、妻はそれだけでは納得しない。「魔術で夫を病にして苦しめて」「夫を殺して」と依頼されることもある。

特に、イスラム暦九月のラマダン（断食月）には効果が高まるとされ、魔術を行う女性が増える。多いのが、墓地で埋葬された遺体を掘り起こし、その遺体の手でクスクス（モロッコの伝統的料理）をかき混ぜた後、夫に食べさせる方法だ。夫が妻に服従するようになるとして、毎年のように、クスクスの鍋を抱えて墓を掘り起こす女性が逮捕されている。

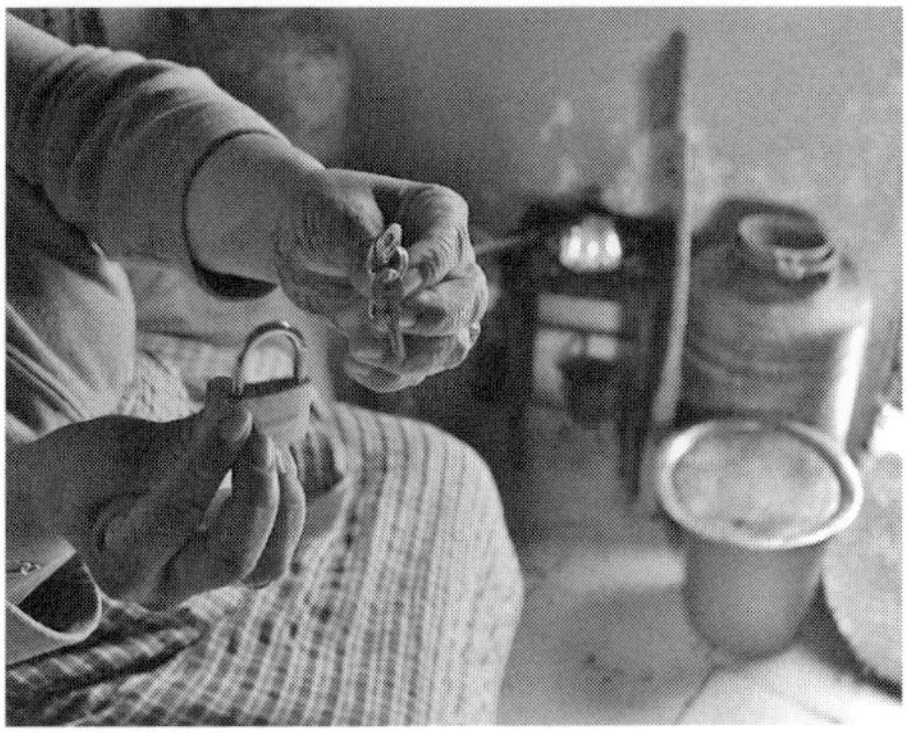

カサブランカで悪い魔術を解く方法を説明するナジーヤさん（倉茂由美子撮影）。

マルワンさんは「女性を裏切ると、その恨みは恐ろしい。妻を大事にした方がいい」と世の男性に警告した。

中東では古代から、病気を治したり、男女の愛をかなえたりするために魔術が使われたとされる。カサブランカで魔術のかぎとなるのが、ジンの存在だ。マルワンさんより一つ多い五つのジンを宿し、「入れ代わり立ち代わり、いろんな声が聞こえて忙しいのよ」と言うのは女性魔術師のナジーヤさん（四七）だ。

ナジーヤさんは、広さ二畳ほどの小屋を訪れた独身女性客アマルさん（四〇）を前に魔術に入った。「預言者メタル」と呼ばれる金属片に息を吹きかけた後、小さな鍋に入れて火に掛ける。溶けて液状になったら、水を張ったバケツに一気に投入する。固まった金属の塊を手に取り眺めると、ジンの言葉が体内から聞こえてきた。それをそのまま口にした。

「あなたは男を遠ざける魔術にかかっている。それをかけたのは、あなたの妹よ」。

これを耳にしたアマルさんは愕然とした。「まさか、妹が……」。二〇歳代の頃から、交際相手の男性から結婚目前に別れを告げられ、連絡が取れなくなる不幸が重なってきた。最近も「今度こそは」と信じていた男性に逃げられた。「呪われているに違いない」。すがるような思いで、ベテラン魔術師と言われるナジーヤさんの元を訪れていた。

不幸の原因が妹にあるとは想定外だったが、思い当たる節もある。小さい時には双子のように仲の良かった妹が、大人になると冷たい態度を取るようになり、ほとんど口を利いてくれなくなった。アマルさんが自宅に保管していた現金や、お気に入りのアクセサリーが、いつの間にかなくなることもあった。「何か、過去に恨まれるようなことをしてしまったのかもしれない。妹との関係を変えれば、私も幸せになれるよね」と目を潤ませた。

ナジーヤさんは、妹にかけられていたという「男を遠ざける魔術」も解いて見せた。呪文を唱えながら南京錠をガスバーナーで熱し、熱くなった錠の上でアマルさんに放尿させ、股間にその蒸気を浴びさせる。残った尿と錠を海に捨てれば終了だ。約三〇分間の一連の「魔術」で、五〇〇〇ディルハム（約五〇〇〇〇円）かかる。

ナジーヤさんの体内にジンがすみつき始めたのは、一六歳で長男を出産した頃だった。同居の義母に激しくいじめられる奴隷のような生活。育児と家事で一日中働かされて疲れ切っても、まともな寝床さえ与えてもらえない。ナジーヤさんが眠るのは、みんなが寝静まった深夜だった。

そんな時、どこからか男性のような「声」が聞こえた。「あなたはまさか、ジンなの?」。ジンは、ナジーヤさんを導くようになり、「魔術」も身に付けた。ナジーヤさん自身の状況も好転し、家族関係もうまくいくようになった。

ジンを使った占いを商売として始めるようになった時、「背教者は殺す」と脅された。だが、「私は、人を不幸にする魔術を使ったり、神だけが知る未来を予言したりするようなことはしない。それはハラーム（禁忌）だ。ただ、人々を幸せにする神の仕事を助けている」と反論し、占いを続けてきた。ジンを宿す選ばれし者としての使命だと信じている。

「これが私の宝物」。ナジーヤさんはそう言って、スマートフォンのSNSを見せた。〈すぐに良縁に恵まれたわ！〉〈あなたの魔術っててきめん！〉〈私を幸せにしてくれてありがとう！〉――。アラビア語や英語など様々な言語で、女性客からのお礼のメッセージであふれていた。

ナジーヤさんのもとには、毎日平均七人が訪れる。「繁忙期」の夏には、一日の客は一五人を超える。七〜八時間ぶっ通しで魔術を行うことも多い。「現代社会は複雑。女性たちの悩みは、私が若かった頃よりずっと深くなっている」と語気を強める。客足は、一〇年前に比べて倍増した。

市場規模は年間五五〇〇億円

魔術には、アルジェリアで最高禁錮一〇年、サウジで死刑の罰則が科される。それでも、アラブ圏では魔術に頼る人が増えているとされる。その大半が女性だ。最近の調査では、アラブ圏の女性が、「魔術」に費やす合計額は年間約五〇億ドル（約五五〇〇億円）を超え、クウェートでは、一回の魔術に四〇〇ディナール（約一四万円）が支払われることもある。アラブ首長国連邦（UAE）では、動物の骨や綿など魔術の材料約一〇〇〇点（約一〇〇キログラム）が密輸入され、税関当局に押収されたという。

こうした傾向の背景として、カイロ大学のマルワン・サデク教授（社会学）は、女性の高学歴化による晩婚化や、経済の低迷による就職難を挙げた。さらに、影響が大きいのが、SNSの普及だという。高級リゾートでの家族旅行、高級外車、新しくそろえた家具――。好むと好まざるとにかかわらず、他人の充実した生活や、優雅な衣食住の様子をまざまざと見せつけられる機会が増え、自分と比較して不公平感を抱きやすくなった。こうした状況は、社会への不満を増長させ、男性であれば「イスラム国」などイスラム過激派組織への加入につながった側面がある一方、女性の場合は、魔術のようなミステリアスな力で問題を解決しようとすると指摘する。

また、インターネットは、魔術のスタイルにも変化をもたらし、「オンライン魔術」も登場した。フェイスブックなどのSNSで、写真などを送り、魔術師のところに出向かなくても、遠隔で魔術を行うというものだ。こうしたSNSは「詐欺」との批判もあるが、周囲の人に目撃されることなく、手軽に依頼できる魔術として、若者の間でじわじわと広がっているようだ。

5　再婚は不貞か、夫は殺された（シリア）

四か月と一〇日、喪に服す妻

イスラム圏にも、夫の死後、再婚を考える妻がいる。そんな時、妻の越えるハードルは他の地域よりも高いように見える。

「電話をしても無駄だ。お前の旦那を殺す」。六年前のこと、帰宅しなかった公務員の夫（当時三八歳）の携帯に電話すると、受話器から殺害の脅しが聞こえた。翌日、人づてに斬首されたと聞いた。イスラム教スンニ派の過激派が、シーア派の夫を狙った犯行だった。「優しかった夫。私は絶望し、泣き崩れました」。シリアの首都ダマスカスの主婦ジランさん（三二）は突然、八年間連れ添った夫を失い、二男一女のシングルマザーになった。

イスラム教のコーランの第二章「牝牛」の二三四節は、「また汝らのうち誰か（神のみもとに）召されて後に妻を残した場合、女は四か月と一〇日の間そのままじっと待っていること。その期限が満ちたなら、彼女らがどんなふうに身を処そうとも、道を踏みはずさない限り、お前たちには何のとがもない」と記す。夫を亡くした妻に四か月と一〇日間、外出を控え、喪に服すことを求めたものだ。シリアには、さらに黒服を着て亡き夫を思う慣習がある。ジランさんは、自宅でも黒服を着て、コーランを読んで過ごし、五か月以上も外に出なかった。

一年前、友人の集まりで、たまたまイラク人男性（二二）と知り合い、求婚された。「子供がいる」と断ったが、「それは問題ではない」と迫られ、今年一月に再婚した。「子供たちと四人で生きていくつもりでした。これも運命と考えています」と話した。

中東・北アフリカ地域では、内戦や紛争で夫を失った妻が増え続けている。英国の「ルンバ財団」によると、その数は二〇一五年に約一五〇〇万人に上り、一〇年より二四％も増えた。増加率は世界一〇地域で最多だった。シリアでは、六人に一人が夫を失ったと言われている。

ダマスカスで再婚の経緯を語るジランさん（本間圭一撮影）。

イスラム教の預言者ムハンマドは言行録（ハディース）で、夫を亡くした妻に再婚を促している。サウジアラビア西部ジッダの慈善団体の調査によると、若い男性の七七％が離婚した女性との結婚に前向きだ。イラクのサダさん（三〇）は二〇一七年、交通事故で夫を失った。だが、涙は出なかった。元々夫婦仲は冷えていた。黒服を着ていたのは一週間で、一年後に再婚した。「私の人生を決めるのは私だけ」と決断の理由を話した。

夫を失った女性の再婚わずか

しかし、ジランさんやサダさんのように、実際に再婚する女性は少ないという。コーランの第四三章「金の装飾」の七〇節には、「楽園に入れ、おまえたちもおまえたちの伴侶たちも歓待されよう」とある。妻は死後、天国で夫と再会するという教えが、再婚はふしだらという考えにつながっていると言われる。

イラクのララさん（二九）は四年前、イスラム過激派組織「イスラム国」によって夫を殺害された。以後、娘二人と三人で暮らす。ララさんは「いつも夫のことを考えている。夫の夢を見る。彼にまた会いたい」と話し、死後再び一緒になることを夢見ているようだ。再婚については「私の今の幸せは子供が成長することだけ」ときっぱりと否定した。

イラクでは、夫を失った女性の再婚は二～四％程度との統計もある。イラクではそうした女性は一〇〇万人以上とみられており、イラク戦争が起こった二〇〇三年以降に夫を失った割合は全体の六割に上る。地域によっては、夫を失った後も再婚せずに実家にとどまることを「恥」と考えたり、再婚は女性が生活していくための手段と考えたりするが、再婚は夫への裏切りとする見方が根強く残る。このため、紛争や内戦で夫を失った女性の救済が急務となっており、国会では、夫を失った女性と再婚した男性に五〇〇万ディナール（約四五万円）を支給する是非について議論が起こった。バグダッドでは、そうした女性と男性に出会いの場を提供する組織もあった。バグダッドの宗教指導者アリ・アブドゥルラフマン師は「夫を失った女性は再婚も含め、自分の人生を楽しむことができる。再婚を否定する伝統は、宗教的な視点から誤りだ」と指摘する。

シリアでも状況はイラクと似ている。多くの女性は、実家に戻り、仕事を探し、子供を育てていく。シリアに住むマミさん（仮名、二九）は六年前、タクシー運転手だった夫の行方が分からなくなった。いつものように朝自宅を出たが、夜、いつものようには戻らなかった。内戦が激しくなった時だったため、戦闘に巻き込まれたのかもしれない。一年たっても連絡がなかったため、マミさんは幼い息子二人を連れ、住み慣れた夫の実家を離れ、自分の実家に戻った。夫の弟と同居し続けるのが不適切だと考えたためだ。マミさんは、幼稚園を開いたり、女性のバッグを作る工場で働いたりしたが、生活は楽にならなかった。やがて、内戦の被災地に住む避難民に食糧や医薬品を運ぶ仕事を見つけた。給料は上がったが、配送先によっては戦闘に巻き込まれる可能性もある。「他人にいいことをすれば、自分に跳ね返ってくる」という思いで仕事を続けている。

子供の扱いが再婚の壁に

仮に生活苦から再婚に踏み出したとしても、前夫の実家が障壁になることもある。再婚の条件として、子供を前夫の実家に預けるという習慣があるためだ。

シリア中部ハマに住むハナさん（三二）は、内戦による戦闘で夫を殺害され、二人の娘を抱える。服喪期間を過ぎると、たくさんの男がハナさんにプロポーズした。父親にも勧められ、ハナさんは、五〇歳の子持ちの男性との結婚を決めた。二人の娘とともに男性との同居を始めると、先夫の両親は

「二人の娘が見知らぬ男に育てられるのは認められない」と激怒し、娘の引き取りを求めた。ハナさんがこれを拒否したため、両親は裁判所に訴えた。

イラク北部アルビルに住むハリマさん（二九）は二年前、兵士だった夫（当時三二歳）を「イスラム国」に殺害された。子供三人を抱え、家賃も払えない生活苦に直面する中、知人の紹介で子持ちの夫（三六）と二〇一八年三月に再婚した。式は挙げなかった。愛情というよりも、生活していくための選択だった。ところが、先夫の家族からは「国の英雄を裏切った不貞な女」とののしられ、子供を引き取るための裁判を起こされた。判決は、一八歳までハリマさんが養い、その後は子供が自ら決めるとの内容だった。実家からは「再婚は一家の恥」と勘当された。ハリマさんは「亡き夫を想って一生泣き続けろと言うの。夫を失えば、女の人生は終わりなのですか」とつぶやいた。

先夫の実家と争いがなくても、様々な問題が起こる。

サリマさん（三五）は二〇一三年、夫をがんで亡くし、三人の子供を抱えて、実家に戻った。収入がなく、生活に困っていた一五年、子供の面倒を見てくれると求婚してきた男性と再婚した。しかし、この男性には別の妻がいることが判明し、その後、十分な生活費を与えてくれなくなった。

エジプトでは、夫を事故で亡くし、二男一女の子を持つハラさん（四五）が、息子二人を持つ離婚歴のある男性と再婚した。初日から問題が起こった。男性が、自分の子とハラさんの子を比較するのだ。ハラさんの子供が学校で成績が良かったり、スポーツができたりするとそれをやっかみ、そのせいで、子供同士の喧嘩が絶えないという。さらに、ハラさんの娘と男性の息子が思春期という問題を抱えた。ハラさんは「間違いがあってはならない」と思い、娘を一人にさせず、常に娘と行動をともにした。

こうした女性の受難について、バグダッドの精神科医、ハッサン・ムシン氏は「夫を失った女性はらくだでも運べないような荷物を背負っている」と形容する。

第八章　仕　事

1　仕事は家事、キャリア阻む（イラク）

「女の私が一日中働くのはおかしい」

イラクの首都バグダッド郊外の高速道路。びゅんびゅんと疾走する車はほとんど止まらない。路肩で野菜を売るイブティサム・ムサさん（三八）は、手持ち無沙汰にもう二時間も座ったままだ。やがて、「物ごいするよりまし。でも、生きていくのがやっとよ」と重い口を開いた。

元々は二男一女を育てた専業主婦。夫が病死した五年前、生活のため、場所代がかからない路肩で、農家から仕入れた玉ネギやキュウリを売ることにした。毎日一二時間の商いで、二万ディナール（約一九〇〇円）を稼ぐのがやっとだ。子供は成人し、手がかからなくなったが、「女の私が一日中働くのはおかしい」とぼやいた。

女性は男性に守られる存在となるイスラム圏では、男性が仕事をして女性を養うのが一般的だ。世

炎天下の中、バグダッド郊外の高速道路の路肩で野菜を売るイブティサムさん（本間圭一撮影）。

界銀行の二〇一七年の調査によると、中東・北アフリカ地域の女性の就業率は二一％で、世界八地域の中で最低だった。最多はサハラ砂漠以南のアフリカの六三％、これに東アジア・太平洋が六〇％、北米が五六％と続いた。世界銀行によると、中東・北アフリカでは、技術や金融といった非農業分野で働く女性の割合は一七％に過ぎない。

さらに、こうした傾向を多くの女性が受け入れているようだ。中東四か国・地域での国連の調査によると、男性の約七割が、女性の仕事は家事と考えているだけでなく、女性の半数も同様に考えていることが判明した。エジプトでは約八割の女性が、家事は女性の仕事と回答した。地方に住む高齢の女性ほどその傾向が強いという。エジプトやモロッコでは、女性が一〇年間働いた後で家族の面倒を見るために退職すれば、社会保障として相当の手当を与えるとする制度があり、仕事を辞めやすい環境も整備されている。

女性は子供で地位高めるか

一方で米ブルッキングス研究所ドーハ・センターのベスマ・モマニ研究員は「中東の女性は子供を

持つことでその地位を高めることができた」と語る。アラブ圏では、「子供のない家庭には灯火がない」という格言があるほど、家庭における子供の存在は重要だ。その子供を産むことで女性は家庭内で発言力を増す。外向きには夫への従順さを装う妻が、家庭内では夫を事実上コントロールすることはよくある。妻が家事を受け持つ限り、仕事に出る夫も妻の主導権を甘んじて受け入れる。だが、こうした役割分担のバランスが崩れると、男性からの不満の声が漏れてくる。

サウジアラビア・MBCテレビの人気キャスター、モナ・アブ・ドリマンさんは、女性も男性並みに仕事をすべきだという両親の教育を受け、学生時代には国外留学も経験した。「結果を出せば、女性でも認めてくれるはず」との思いで努力を続け、実際に思い通りの進路を歩いてきた。その生き方を批判されるようになったのは、仕事を始めてからだった。「女は家族の面倒を見るのが仕事だ」と陰口をたたかれ、外国に出張の機会があると、「女が仕事で国外に出るとは何事か」とやゆされたという。「女の仕事は家庭」という圧力にさらされ続けてきたようで、「女は男の後について来いという考え方のせいで、仕事をするのに苦労した」と振り返った。

だが、時代は変わり、女性は職場に欠かせない存在になりつつある。中東一三か国の四〇〇〇人以上の女性に対して二〇一七年に行われたオンライン調査によると、アラブ首長国連邦（ＵＡＥ）では、働く女性の七〇％が同僚の男性と同じ時間働いていると回答した。米ブルッキングス研究所によると、女性が男性並みに働ければ、低迷する中東・北アフリカ地域の国内総生産（ＧＤＰ）は一〇年間で四七％増える。サウジのビジネス界で活躍するルブナ・オラヤンさんは、女性の雇用を促すプログラムを開始し、「ただ単に女性を雇うだけでなく、女性への偏見をなくす社会を作ることが必要だ」と訴えた。このため、若い世代からは、結婚よりも仕事を優先しようとする女性も目立ってくる。

2　キャリア優先、結婚後回し（イラク、パレスチナ・ガザ）

鳥かごから飛び立った蝶々

イラクの首都バグダッド中心部にある美容店。椅子に仰向けになった女性客の顔に、鮮やかな赤色の口紅や紫色のアイシャドーを施す。毛先が細いブラシを使い、顔に絵を描いているようだ。見る見るうちに美しさを増し、三〇分もすると、インパクトのある妖艶な表情が出来上がった。「この仕事は楽しい。人を美しくさせるのは私の天職」と美容師のサラさん（三〇）は満足そうだった。

昔から絵を描くことが好きで、気が付くと人の顔をメークアップする仕事に就いていた。四年前には、思春期から着用してきたスカーフをぬぎ、「鳥かごから飛び立った蝶々のような気分」で外出した。イラクでは女性の約九割がスカーフをかぶるが、サラさんはスカーフを二度と着ないと決めた時、反対する父親を母親が説得してくれた。「スカーフをかぶらなくても悪いイスラム教徒ではない。今は自由さを実感している」と語り、好きな服を着て、友人とレストランで食事するのを楽しみにしている。

今は結婚の適齢期だ。母親からはいつも「早くいい人を探しなさい」と言われ続けている。「でも、結婚はあまり考えたくない。人生を楽しみたい」。たとえ結婚したとしても、「夫は自分を自由にさせてくれる人がいい」と条件を示した。

イラクでは未婚女性の人数は増える傾向にある。二〇一八年は一三年前の一五倍との統計もある。イラクだけではない。イランでは、三〇歳以上の未婚女性は三〇〇万人を超えたという。ある調査によると、チュニジアやレバノンなど自立する女性が目立つ国々では、三〇歳代後半の女性の二割前後が未婚だ。

背景にあるのは、女性が高等教育を受け、仕事を持ち、自らのキャリアを形成しようとする意識の広がりだ。イランの大学では学生の六割以上が女性という。経済学者のサレム・バジャジャ博士はその理由として、生活費の高騰や男性の貧困を挙げている。また、サウジ西部ジッダの慈善団体「家庭保護協会」のアイシャ・ハタン女史は「結婚は盛大に行うものという考えが若者に毛嫌いされている」とみる。

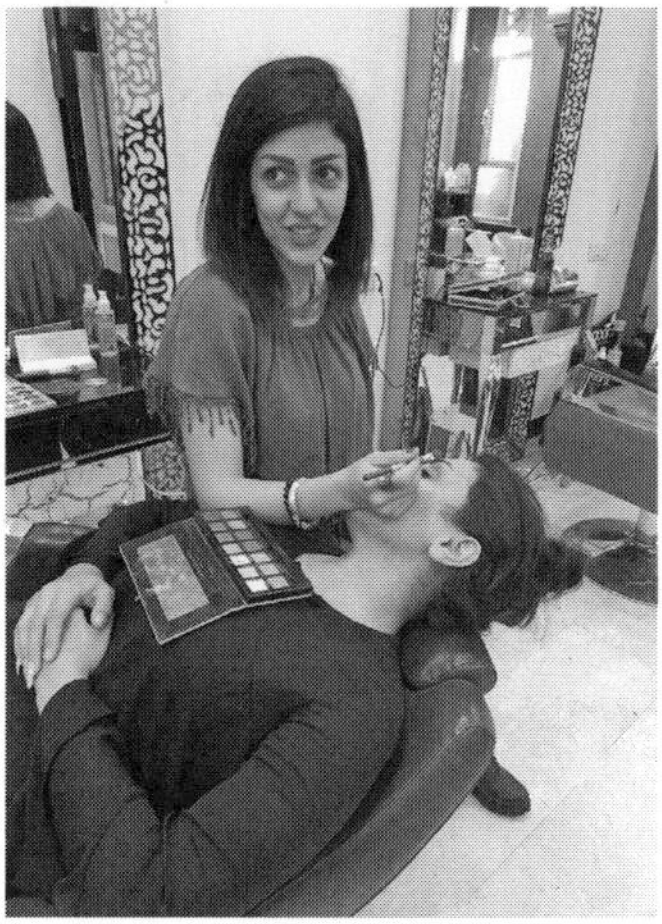

バグダッドの美容店で女性客にメイクアップをするサラさん（本間圭一撮影）。

さらに、イスラム圏では、結婚するには、父親、叔父、兄弟ら男性親族の後見人の承諾が必要となるため、そのわずらわしさが敬遠されているとも言われる。チュニジアでは、後見人や父親の承諾がなくても結婚は可能となった。

「結婚は女の自由を束縛する」

この傾向は、イスラム教の宗教色が強いと言われるパレスチナ自治区ガザにも広がる。

「結婚は女の自由を束縛するものとしか思えない」。ガザに住むカリマン・マシャラウィさん（二二）は、ある男性との見合い話を断った後、こう気持ちを打ち明けた。ガザは、イスラエルによって周囲を壁などで封鎖されており、人やモノの行き来が厳しく制限され、経済が停滞している。世界銀行が二〇一九年に公表したガザの失業率は五割を超え、見合い話の男性もその一人だった。結婚を申し込まれ、「仕事もせずに親の金で結婚して、恥ずかしいと思わないのですか?」とあえて厳しい言葉を投げかけた。実際には、男性が無職だったことよりも、キャリアを阻む結婚に価値を見出せなかったことが破談の大きな理由だ。

カリマンさんは二〇一七年末、シングルマザーら女性一〇人とともに手作り小物の販売会社を設立した。ソーラーパネル事業を手がける会社を起業した憧れの姉（二四）を見習った決断で、将来は国際的な事業展開も夢見る。だから、「私はいつかガザの外の世界を見てみたい。でも結婚したらちょっとした外出だって夫の許可が必要になる。海外旅行なんてきっと許してもらえない。結婚したら夢が叶わなくなってしまうかもしれない。それを想像したら、結婚したいとは思えないの」と話す。

イスラム教の聖典コーランは第二四章「光り」の三二節で「お前たちの中でまだ独り身でいる者、

お前たちの奴隷や小間使いで身持ちのいい者は結婚させてやるがよい。もし貧乏なら、アッラーが大御心から金持ちにして下さろう」と記述し、結婚を推奨している。妻は夫に保護される存在で、夫が不在中は妻が家庭を守り、夫に従順であることを説く。特に、ガザは宗教色の強いイスラム主義組織ハマスの支配により、イスラム教の教えを厳格に守り、女性に妻や母の役割を求める傾向が強い。

だから、カリマンさんの両親は、「女性が自立できない今の社会を変えたい」という娘の将来を心配している。父親は「娘はもう結婚しなければいけない年頃だ。親戚からも『なぜ娘は結婚を断ったんだ。早く結婚させなきゃ駄目だ』とくぎを刺された。父親としては娘の夢を応援してあげたいが、ここは結婚して家庭を築くことが最重視される社会。結婚の適齢期を過ぎれば見合いの話がなくなってしまう。手遅れになる前に娘には結婚してほしい。結婚できなくなって一番惨めな思いをするのは本人なのだから」と胸の内を明かした。

パレスチナ自治区ガザで、談笑しながら小物作りをするカリマンさん（左）と友人のアスマさん（右から２人目）（金子靖志撮影）。

多様な価値観が浸透

人権団体で幹事を務めるパレスチナ人女性のハデヤ・シャムオーンさん（四四）は「ガザの女性の多くは二〇歳前後で結婚するが、近年はインターネットの普及もあって多様な価値観が浸透し、結婚を最優先に考える女性が減っている。ガザは失業率が高くて、多くの家庭が結婚資金を用意できないという実情もあるが、両親を見て結婚が不自由に感じる若い世代が増えてきているのではないか」と指摘する。

カリマンさんの友人のアスマ・バドワンさん（二二）も見合いを断った一人だ。「母親のようにずっと家にこもって家事をする人生は嫌だ。家にこもっていたら母親のように価値観が偏って、考えが保守的になってしまう。そんな人間にはなりたくない。世界に出てもっといろんな価値観を知りたい。自分の人生は自分で切り開きたいの」と話す。

二〇一八年六月にガザ市内の大学を首席で卒業し、目標は外国の大学院に進学することだ。その資金をためるため、カリマンさんの仕事を手伝っており、「今は留学のことで頭がいっぱいなの」と目を輝かせた。

一方で、宗教に厳格な家庭に育ったこともあり、両親の結婚に対する「圧力」は日々感じている。「結婚は私だけの問題ではないと分かっている。家族にとっても娘の結婚は重要な問題。だから私もいつかは結婚しなくてはいけないかもしれない」と打ち明けた。

イスラム諸国では「独身を謳歌する」といった考えはほとんどないと言われる。仕事で人生を設計していくにはそれなりの覚悟が必要となる。

3　ベリーダンス　セクハラ乗り越え人生逆転（トルコ）

「体をべたべた触られた」

人魚のような衣装で腰を激しく揺らした。客席に向け、妖艶なまなざしを送った。男性客は、その胸元に手を近づけ、次々にチップを差し込んだ。トルコの最大都市イスタンブールの結婚式会場で、人気のベリーダンサー、ネバハトさん（三五）の約一五分間のステージは盛況だった。だが、控室に戻ると表情を一変させ、怒りを爆発させた。「体をべたべた触られた。今日の客は最低！」。

イスタンブールの結婚式場で魅惑的なベリーダンスを披露するネバハトさん（倉茂由美子撮影）。

ベリーダンスは、手を大きく動かしながら、腰を左右に振ったり、胸元を揺らしたりするダンスだ。カイロのダンサー養成学校によると、古代エジプトが発祥の地で、男性を誘惑するため、性行為の動作をまねた動きという。イスラム教では、女性は肌や髪の毛を隠すべきだとされる。宗教指導者らは「女が踊っていいのは、夫の前だけだ」

と主張し、女性が他人の男性の前で踊ることを禁じる。ところが、オスマントルコ帝国時代のハーレムで、女性ダンサーの肌の露出が増え、やがて中東各地に広まったという説がある。

今や中東を代表する芸能といわれ、トルコやエジプトでは観光の目玉の一つだ。結婚式でも、式を盛り上げるのに欠かせない余興になっている。それほど広く親しまれているにもかかわらず、ダンサーへの風当たりは厳しい。華やかなステージの裏で、それぞれが苦悩を抱える。

「私は一日五回礼拝もするし、ラマダン（断食月）には断食もする。私の信仰心を、勝手に外見で判断しないでほしい」。ネバハトさんはこの日、二つのショーを終えた後、自らの過去を語り始めた。

一七歳の時、若くして脳腫瘍を患った。手術をして一命は取り留めたものの、後遺症として記憶障害と言語障害が残った。記憶は断片的に飛び、しゃべり方は幼稚園児に戻ったようになった。「まだ若いのに、どうして私がこんな目に……」。これからの人生を悲観し、ふさぎ込んだ。

そんな時、リハビリを担当していた精神科医に、「君の趣味は何?好きなことをやると、回復が早くなることもあるんだ」と言われた。頭に浮かんだのがダンスだった。小さい頃から、テレビで見るベリーダンサーのまねをして、親族の集まりで踊ってはみんなに「お上手ね」と褒められた。プロのダンサーになりたいと思っていた。

実際、ベリーダンスを始めると、徐々に後遺症は回復していった。医師たちも、「ダンスは君の特効薬だね」と驚くほどだった。ネバハトさんは、「私はダンスに救われている。これは神が与えてくれた才能なんだわ」と確信し、ダンスで生きていくと決めた。

リハビリ生活は七年にも及んだ。だが、根気強く続けたかいもあって、違和感なく話せるようになった。ダンサーとして本格的に活動を始めようとイスタンブールのパブでダンスを披露すると、支配人に見初められてすぐに仕事が決まった。店の人気ダンサーとなり、舞台はパブからレストランへ、レストランからホテルへ、そして五つ星ホテルへ……とグレードアップし、テレビにも出演するほどになった。「イスラム教徒として、神が与えてくれた才能を生かす努力をしてきたまで」と振り返る。

だが、世間から「尻軽女」と見られる視線は変わらない。ネバハトさんが近年、その一因と挙げるのが、エルドアン大統領の政策だ。エルドアン氏が首相になった二〇〇三年から、テレビではベリーダンスをあまり見られなくなったという。トルコは世俗を国是としてきたが、信仰心の強いエルドアン氏の政策が影響しているとみる。「ベリーダンスは立派な芸術であり、スポーツでもある。どうしてそれを分かってくれないの」。ネバハトさんはため息をついた。

「社会のゴミくず」批判

「売春婦は出て行け！」。トルコでテレビや映画に出演する有名ダンサーのベルクスさん（三四）は、近所の住民にベリーダンサーだと知られると、石を投げられるといった嫌がらせを受けてきた。引っ越しを余儀なくされ、同じ所に長く住んだことがない。「みんな『うちの夫が誘惑される』って考えているのよ。ばかばかしい」と呆れたように笑った。

ベルクスさんは、保守的な南東部シャンルウルファ出身。この地域では、女の子は一四歳くらいで結婚するのが一般的で、ベルクスさんも一六歳の時、高校を中退して結婚させられた。「ちゃんとした家の息子さんだから」という理由で決められた結婚相手は、会ったこともない七歳年上の無職の男だった。

一七歳で長女を出産したが、束縛が激しく、威圧的な夫に愛情を抱くことはできなかった。息苦しい生活に耐えきれず、家を飛び出して実家に戻ると、父親に「妻は夫に従順でいろ。お前に帰る家はない」と棒で殴られた。行き場をなくしたベルクスさんが、娘を抱いて逃げた先がイスタンブールだった。「これからは一人でこの子を育てて生きていく」。昼は自動車工場の食堂で働きながら、夜間にベリーダンスを学んだ。

人気の上級ダンサーに上り詰め、毎晩二～三か所のイベントを掛け持ちする。映画にも数本出演し、その活躍ぶりは郷里にも届いた。実家を飛び出したあの日から一〇年がたった時、ずっと連絡を絶っていた父親から電話があり、「私が間違っていたよ。すまなかった」と涙声で謝罪したという。ベルクスさんは今も、「父は私を助けてくれなかった。あの時の仕打ちを忘れることはできない」というが、厳格で敬虔なイスラム教徒の父が成功を認めてくれたことはうれしかった。

「私たちが、この国のエンターテインメントを支えている。プロのプライドを持ちなさい」。ベルクスさんは、若いダンサーたちにいつもこう声を掛けている。「娼婦」「いつでも男と寝る女」――。こんな心ない言葉や差別に押しつぶされず、自分のように夢をつかんでほしいと願っている。

偏見にさらされるのはトルコだけではない。エジプトでは、テレビの有名男性キャスターが、「裸で性的な動きをしている」として、ダンサーを「社会のゴミくず」と批判した。二〇一五年には、エジプトの議会選挙に出馬しようとしたベリーダンサーが、「良い評判がない」ことを理由に、選挙管理委員会から出馬を認められなかった。北部スエズでは一七年、大学教授の女性が、自宅でベリーダンスを踊っている動画をフェイスブックに投稿したことが問題になり、大学から解雇を言い渡された。教授は伝統衣装のゆったりしたワンピース「ガラベイヤ」を着ており、「ダンスはタブーではない。私個人の自由だ」と主張したが、大学側は「教授は、社会の手本になるような振る舞いをしなければならない」として退けた。

「肌の露出が激しすぎる」「適切な下着を着用していない」「踊りが卑わいすぎる」といった理由で、警察に逮捕されるベリーダンサーも相次いでいる。

脳裏に田舎のぼろ家、「母に豪邸を買いたい」

それでも、中東全体で五万人といわれるダンサーは、成功を夢見て競い合う。

エジプトで、「レジェンド」とされるフィフィ・アブドゥは、カイロの貧困家庭に生まれ、教育も受けずに清掃の使用人として働いた後、一二歳で民族楽団に入った。その後、国民的ベリーダンサーとなり、数々のテレビドラマや映画にも出演。最も富裕なアラブ人女性の一人になった。全盛期にショー一回のギャラは、一万ドル（約一一〇万円）とも言われ、海外の高級住宅地に豪邸も所有する。こうした「人生の大逆転劇」に、女性たちは自身を重ねる。

実際、エジプトでは不況になるとダンサーが急増した。二〇一一年の民主化運動「アラブの春」による混乱が続き、主要産業の観光が低迷した。経済は大打撃を受け、物価の高騰や失業率の悪化を招いた。だが、ベリーダンサーの数は一八年に約一万五〇〇〇人に上り、「アラブの春」の前に比べ、約三割増えたという。ダンス団体のタマル・ハビーブさんは、「動画サイトなどを見て、独学で踊ることもできる。体一つで金を稼げて、スターになるチャンスもある」と増加の理由を分析する。最近は、歌手や女優になるステップとして、SNSにダンスの動画を投稿する女子学生も多い。

ダンサー歴三年のトルコ人デリアさん（二二）も、トルコで一流を目指す駆け出しダンサーの一人だ。保守的な南東部の貧困家庭で育ち、もらい物の同じ服を毎日着て、周囲からいつも笑われていた。友達もいない。唯一の楽しみが、家にある小さなテレビでベリーダンスを見ることだった。キラキラ光る衣装を着た女性ダンサーが、ステージの上でなまめかしく踊る。「私も、こうなりたい」と画面にくぎ付けになった。

ラジオで音楽を流し、見よう見まねで踊ってみると、初めてなのにうまく踊れた。「私、才能があるのかも。この貧乏な暮らしから抜け出せるかもしれない」と希望を持った。踊りの練習をしているところを近所の人に見られ、「ダンスなんてはしたない」と注意されたが、母親は「頑張りなさい」といつも応援してくれた。

一九歳でイスタンブールに「上京」。アルバイトをしながら約一年間レッスンに通い、初心者のダンサーを踊らせてくれるバーやパブを探した。初ステージは、イスタンブールの場末のパブだった。

大勢の酔客の視線が自分に集まっていることに急に怖くなり、足が震えた。「私みたいな田舎者が、ちゃんと踊れるかしら」。自信がなくなり、ステージ中央まで行けず、端の方で踊ってしまったという。ギャラはたった八〇リラ（約一二〇〇円）だった。

トルコでは一流ダンサーには、約一五分のステージで約八〇〇〇リラ（約一二万円）が支払われるが、三年目のデリアさんのギャラは、一回二〇〇リラ（約三〇〇〇円）止まりだった。チップが貴重な収入源で、不本意ながらテーブルを回ってこびを売り、客の機嫌をとるために酒をつぐ。

「電話番号教えてよ」「俺の女にならないか」「この後、俺といい所に行こうよ」――。こう誘われるのは日常茶飯事だ。以前、「嫌よ！」と直球で返し、客を怒らせて銃を向けられたこともあったが、最近はうまくかわす話術も身についてきた。

ネバハトさんらベテランダンサーからは、「最近の素人娘たちは、ダンサーの風上にも置けない」とののしられる。チップほしさに客にすり寄る「御法度」が、芸術としてのベリーダンスをおとしめ、ダンサーに対する偏見を助長しているというのだ。だが、デリアさんはそれにも、「おばさんたちのひがみでしょ。自分たちだって同じ事をしてきたくせに」と意に介さない。

まぶしいスポットライトを浴びている時も、酔客の相手をしている時も、いつも脳裏に浮かぶのは田舎のぼろい家で惨めな思いをした日々だ。「母に豪邸を買って、私たちをあざ笑ったやつらを見返してやる」。そのために、今の店で評判を上げ、一流ホテルや国外で活躍すると心に決めた。「何と言われようが、この世界でのし上がる」。そう言って今日も舞台に向かった。

——こうした仕事への情熱は、国や職種に関係しない。

4　歌手　歌うことを禁じられ（イラン）

「性的感情抱かせる」

〈あなたはどこに行ってしまったの。探しても探しても見つからない。私はもう一人きり〉

二〇一九年一月、イランの首都テヘランのコンサートホールに、歌手でギタリストのネギン・パルサさん（二九）の透き通るような歌声が響いた。その時、突然ステージ上に当局の関係者が現れ、パルサさんの前にあったマイクを取り上げた。約二五〇〇人の聴衆はあっけにとられた。コンサートを終えると、パルサさんはステージ裏ですすり泣いた。自由に歌えず、自分を満足に表現できない環境を恨めしく思った。

政教一致のイスラム体制のイランでは、女性の歌声は当局の取り締まりの対象になる。法律の規定はないが、高位のイスラム法学者は「女性の甲高い声は、男性に性的感情を抱かせ、淫らだ」との見解を示す。男性歌手のコーラスになるのは問題ないが、メインボーカルになる場合は男性コーラスと一緒に歌う必要がある。女性だけの歌声が許されるのは、聴衆を女性に限定したコンサートだけだ。市販される音楽のCDでも、女性の歌には常に男性の声が一緒に録音されていないと販売できない。

幼い頃から衛星テレビを通じてレッド・ツェッペリンやジミ・ヘンドリックスといった米欧のロッ

ク音楽に親しんできた。九歳の時に父親が買ってくれたギターを一生懸命練習し、成長すると、平和や愛をテーマに作詞・作曲にも取り組んできた。「いま風」の音楽好きのイラン人女性は三年前、プロ活動を始めた。

テヘランのコンサートホールに登壇したこの日は、男性ポップ歌手のコンサートにギター兼コーラスとして参加していた。「女性が自由に歌えないのはおかしい。壁を越えたい」との思いから、男性歌手にソロパートを歌わせてもらったが、聴衆が男女一緒だったことが当局に問題視されたのだ。この一件を理由に、パルサさんは当局から活動停止の処分を受けた。

テヘランのコンサートホールで男性ボーカルと謳うパルサさん（パルサさん提供）。

イランの歌手アザル・ザルガリアンさん（五四）によると、女性がコンサートを開くには当局の許可が必要で、ザルガリアンさんが最近コンサートを開いた際には、警察署に三度も出向いてプログラムを詳しく説明した。歌う時は男性のコーラスを伴うなど、コンサートが反イスラム的でないことの誓約も求められたという。

「人類のおよそ半分は女性でしょう。その人たちの歌声を禁止するなど、おかしいわよ」。ザルガリアンさんは憤り、「男性コーラスのない、私だけの声で歌った曲を世に送り出したい。そうなる日が来ることを願っている」と話した。

活動の場を求めて

女性歌手がコンサートで歌ったり、レコードを出版したりするのは、日本や欧米ではごく当たり前のことだ。専門家によれば、中東でも過去には女性の歌唱に否定的なイスラム教徒が多かったが、最近では「慎み深い服装とトーンで歌うのなら問題ない」という考え方が大勢を占めるようになってきた。ＣＤや音楽ビデオ、インターネットを通じて、欧米の女性歌手の活躍ぶりが伝わってきたことも、中東の社会の世俗化を後押ししているとみられる。

エジプトなどアラブ諸国では、女性歌手が単独コンサートを開くことも少なくない。厳格なイスラム教徒が多いとされるサウジアラビアでも、最近、米国の人気歌手マライア・キャリーさんがコンサートを開き、話題となった。

しかし、イランでは女性はまだ一人で歌えない。宗教に厳格なイスラム法学者らが政治の実権を握っているためだ。時代の流れから取り残されているとの指摘もあるが、イラン中部コムの神学校の男性教師は「女性が人前で公然と歌えば、多くの男性が一人の女性に恋心を抱き、社会の秩序が乱される」と話す。規制に賛成する声は根強い。

このため、活動の場を求めて外国に拠点を移す女性が相次ぐ。歌手としての自分を表現したいとの思いから、当局に人物を特定されないように顔を隠して歌った動画をインターネット上に投稿する女性も多い。イラン人の女性歌手は、あらゆる点で活動を制限されるのが実情だ。

パルサさんがインタビューに応じたのは、活動停止処分を受けた直後の二〇一九年二月。当局から活動再開を認められる日まで、国内で地道に作詞や作曲活動を続けると説明した。「ソロパートを歌ったことを後悔していない。芸術家は制限のある方が創造力を高められると思うの」。インタビューでは気丈にそう話していた。

その数週間後に連絡を取ると、電話口の声は震えていた。「彼に申し訳なくて……」。彼とは、コンサートでソロパートを歌わせてくれた男性ポップ歌手のことだ。男性歌手もパルサさんの一件で活動停止処分になったという。

パルサさんの個人ウェブサイトには、「当局はパルサさんに自由に歌わせてあげるべきだ」「女性の芸術がないがしろにされる国に住んでいることを残念に思う」といった書き込みがあった。その一方で、「男性歌手に迷惑をかけている」とパルサさんの行動を批判する投稿もあった。女性が自由に歌うことの是非は、若者の間でも議論が続いている。

その後、パルサさんとは連絡が取れなくなった。最近の自身のウェブサイトへの投稿では、音楽活動の話題に触れなくなっている。

5　兵士　女が「国」守る（イラク・クルド自治区）

女性部隊五〇人、前線で「死ぬ覚悟」

多くの国で国防は男性の仕事だ。男性が女性を守るという意識が強いイスラム圏ではなおさらだ。しかし、女性が男性並みに前線で奮闘している地域がある。

「女に出来ないことなんてない」。イラク北部の少数派クルド自治区で、「死に立ち向かう人々」を意味する治安部隊「ペシュメルガ」の女性司令官、コチャル・ハジさん（二九）がそう強調した。二〇一四年にイスラム過激派組織「イスラム国」が自治区に侵攻した際、男性に交じって前線で戦い、撃退に貢献した。

イスラム教スンニ派最高権威のアズハル機関（カイロ）は、女性が戦地で戦うことを禁止する。コーランが記すように、女性は男性に保護される存在で、家庭を守る役割があり、戦地での任務を期待されていないためだ。

別の理由もある。エジプトの軍事評論家ムハンマド・カドリ氏は、「女性は妊娠する可能性があり、戦力を安定的に維持できない」と話す。また、男社会の軍に女性が入れば、セクハラ被害に遭いやすく、女性兵士が負傷した場合には、男性兵士が救助にあたることで、部隊の規律が損なわれることが予想される。

このため、クウェートでは原則、女性の入隊が認められていない。サウジアラビアやカタールは最近、女性に門戸を開いたが、事務職などに限られ、戦地に赴くことはない。

だが、ペシュメルガでは、総兵力の約一％にあたる約二〇〇〇人が女性で、そのうち数百人が前線で戦う。コチャル司令官は二〇一四年、クルド自治区に迫り来る「イスラム国」を駆逐する戦闘のため、「女性部隊」を立ち上げ、軍事大学などで訓練した女性兵士五〇人を率いた。

「戦地で死ぬ覚悟がない者は、無理して来る必要はない」。前線展開の直前、コチャル司令官は女性隊員らにこう伝え、自主的な参加を呼びかけた。だが、辞退する者は誰もいなかった。「『国』のために死ぬことを恐れない！」「『国』の危機におじけづいては、クルドの女の恥！」との声が相次ぎ、全員が参戦を希望したという。

隊員のワラト・アスカンダルさん（三〇）さんは、「本音を言えば、恐怖がなかったわけじゃない」と明かしたが、「それでも、『国』を守るという使命感の方が何倍も大きかった」と振り返る。

女性兵士にとって「国」はイラクを意味しない。クルド人の国家があるわけでもない。彼女たちの闘志の根底

クルド自治区の治安部隊「ペシュメルガ」の女性隊員（倉茂由美子撮影）。

には、「国を持たない世界最大の民族」であり続けるクルド民族の歴史が潜む。

無差別に殺された歴史

クルド人はトルコ、シリア、イラク、イランの山岳地帯に分断されて住む民族で、その数は推定約三〇〇〇万人。独自の言語・クルド語を話し、大多数は穏健なイスラム教スンニ派だ。国家樹立を目指して武装闘争を続けた結果、第一次大戦後の一九二〇年、欧州列強が敗戦国オスマントルコ帝国と結んだセーブル条約で、帝国の支配下にあったクルド人の国家樹立は認められた。だが、三年後のローザンヌ条約でその決定は撤回された。その後も独立運動は続いたが、イラン・イラク戦争中の一九八八年には、クルド人がイラン側に協力しているとして、フセイン政権が毒ガスを使い、北部ハラブジャのクルド系住民を攻撃し、五〇〇〇人以上が殺害された。

「クルドは女性も子供も、容赦なく殺されてきた。だから、戦うのに男だの女だのと言っていられない。総動員でなければ『国』も家族も守れないの」。ペシュメルガ隊員のワラトさんは、クルド人女性はこれまで武器を取って戦ってきたと強調し、イスラム教の「女性は弱く、男性に守られるべき存在」という解釈は「正しくない」と反発する。二〇一一年頃にペシュメルガが女性兵士を正式に採用したのも、フセイン政権と勇敢に戦ってきた女性の実績を認めたためだ。

戦地では、女性だからと言って一切の甘えは許されない。雪が降る真冬の山でも、気温が五〇度に迫る真夏の砂漠でも、男性と同じ数十キログラムの武器や装備を身に着けて移動し、戦闘に臨む。女性隊員たちは「女で困るのは月経中でも配置を離れられないことくらい！」と口をそろえた。国家を持つことはクルド人の悲願であり、「国の礎となる土地を守る執念に男も女もない」とコチャル司令官は説明する。

捕虜の恐怖抱えて

女性兵士の評判は上々だ。デドワン・クルシド准将は「我々男性に比べた体力面の劣りは、訓練でカバーできる。いざという時に物を言うのが、女性の精神力の強さだ」と話す。男性兵士らが後退しようとする中、女性兵士が残って戦闘を継続し、形勢を逆転したこともあった。そうすると、「女性兵士の前で弱音を吐いたり、怖気づいた姿をさらしたりするわけにはいかない」と男性兵士の自尊心に火が付く。一進一退の戦場では閉塞感が漂うが、「女性の繊細な気遣いで、張りつめた雰囲気が明るく和む」効果があり、男性だけの前線よりも、女性部隊と一緒にいる方が男性は奮起し士気が高まったという。

女性兵士の活躍で、入隊を志願する女性は年々増加し、名誉にあこがれて前線を希望する女性も少なくない。メディア・サディクさん（三五）は、高校でクルド語の教師をしていたが、「私が最も貢献できるのは、教室の中じゃない」と退職してペシュメルガに入隊した。「イスラム国」との戦闘では、主に戦場で物資補給などの後方支援にあたっていたが、銃を手に勇敢に前線に向かう女性部隊の背中をうらやましく見送った。メディアさんは「また戦闘の危機があれば、今度こそ最前線で戦いたい」と訓練に励む。

ただ、戦場は非情で凄惨な現場であることに変わりはない。女性兵士の一人、シルミ・ナアマーンさん（二五）は、「イスラム国」を撃退した後の現場を歩くと、あどけない顔の少年兵の遺体がたくさん転がっているのを見た。「洗脳されて戦闘員にさせられたのだろう」と考えると胸も痛んだが、「殺すか殺されるかの現場で、感傷的になってはいけない」と前を向いた。

女性兵士の犠牲も免れられない。「イスラム国」との戦いでは、ペシュメルガの女性兵士一〇人以上が凶弾に倒れた。隣国シリアでは、クルド人武装組織「人民防衛部隊」（ＹＰＧ）所属の若い女性兵士が全裸にされた遺体や、半裸状態で「戦利品の雌豚」と侮辱され、男性兵士たちに踏みつけられたり切断されたりする女性兵士の遺体の動画がＳＮＳで出回った。こうした動画は、クルド人勢力を敵視するトルコ側の戦闘員らによって撮影されたとみられている。

ペシュメルガの部隊には、女性を二週間以上、前線に置かないといった規則がある。それを超え、「イスラム国」との戦闘で、八週間戦地にとどまったシルミさんは「前線に行って敵を前にした時、死ぬことへの恐怖はなかった。でも、捕虜になることのほうが怖かった」と打ち明けた。

第九章　母、晩年

1　離婚　夫の三言で成立（エジプト）

あっけない終わり

「離婚だ、離婚だ、離婚だ！」。エジプト北部に住むヘバさん（四五）は二年前、仕事を終えて帰宅すると、待ち構えていた夫（四六）に突然こう告げられた。頭が真っ白になった。「夫の言うことが聞けない女とは、一緒に暮らせない。実家に戻れ」。そう言われて追い出され、二三年間の結婚生活が、あっけなく終わってしまった。

夫が宣言するだけで離婚できる「口頭離婚」はイスラム教の預言者ムハンマドが生きた七世紀、この地域に広まっていた慣習だ。イスラム教の聖典コーラン第二章「牝牛」の二二九節は、「女を離縁（してまた復縁）できるのは二回まで。すなわち（二回までは）、正当な手続きをふんでまた自分のもとに戻すか、さもなければねんごろにいたわって自由の身にしてやることができる。以前に与えた物は、

野菜配達の合間に離婚の経緯を語るヘバさん（倉茂由美子撮影）。

一つだに取り上げたりしてはならない」とする。

離婚を二回言うまでなら離婚の意思を撤回できるが、離婚と続けて三回目言うと、もはやその意思を撤回できなくなるとの解釈がある。離婚を宣言する権利は原則男性にのみ与えられており、多くのイスラム諸国では、夫が事実上一人で離婚手続きを行える。

ヘバさんは離婚の一年前、家計を助けようと、近所の野菜市場で働き始めた。銀行の清掃員の仕事を不定期で請け負っていた夫の月給は一五〇〇ポンド（約九〇〇〇円）前後。物価の高騰を受け、三人の子供を抱える生活は苦しくなった。「子どもの服さえ買ってあげられない」と仕事を決めた。

だが、夫は元々、「外出するためには俺の許可を取れ」と言うほど嫉妬深く、「女は家」という考えの持ち主だった。野菜市場での仕事については、「男と話したりする機会が増える」と大反対し、「誰か男に会うために仕事を続けているのだろう」と疑い続けた。夫は周囲からも、「お前の妻は人の家の前に立って野菜を売っている」と冷やかされて、不満がたまっていた。

仕事はきつい。客の主婦たちから電話を受け、キログラム単位で注文された野菜を両手に抱え、徒歩で配達する。配達料は一回五ポンド（約三〇円）。野菜の皮むきなど下ごしらえを請け負っても、追加で二ポンド（約一二円）だ。月の稼ぎは、夫の月収のほぼ半分の七〇〇ポンド（約四二〇〇円）ほどになり、生活はぎりぎり持ちこたえられるようになった。

離婚を宣告された日、ヘバさんは午後六時頃に家に帰った。いつもは仕事のはずの夫が早くに帰宅していた。「帰りが遅い！ふしだらな女だ！」と叱責され、さらに「離婚」と三回繰り返された。三人の子供のうち、七歳と六歳の息子は夫が連れて行き、今は月に一回しか会えない。

ヘバさんの家族が、やり直せないかと何度も仲介を試みたが、夫は「この女はもう信用できない」と応じなかった。ヘバさんは今も、家族生活をやり直したいと願っている。一人引き取った一五歳の娘は、自分が婚約できなくなると思いつめ、「お母さんのせいよ」と恨み言を言うようになった。両親が離婚していると、結婚相手を見つけにくくなるためだ。ヘバさんは「どうにか離婚の効力を取り消せないか」と、地元の宗教指導者の元に駆け込んだが、「宣言で離婚は成立する」と返された。

ヘバさんは夫から月四五〇ポンド（約二七〇〇円）の生活費を受け取り、野菜市場での仕事を続けるが、生活に十分な金額とは言えない。他の男から言い寄られたり、離婚女性として差別されたりすることを避けるため、結婚指輪ははめたままにしている。

夫婦破綻増加、一時の感情でも

中東では近年、離婚が増えている。サウジアラビアでは一七年に離婚件数が五万三〇〇〇件に上り、二年前より五割も増えた。カタールやアラブ首長国連邦（ＵＡＥ）でも離婚は増加傾向にある。景気の低迷で、生活が苦しくなり、夫婦仲にも悪影響を及ぼしているとみられている。携帯電話が普及したことで、別れ言葉をメッセージで送信するなど手軽に離婚を通告できるようになったことも一因だ。

サウジアラビアでは二〇一九年、夫が離婚手続きをした場合、妻の携帯電話にショートメッセージで通知する制度を開始した。離婚件数が増加する中、妻が離婚されたことを知らないまま過ごし、問題が起きるケースが多いためだ。パレスチナ自治区では一七年、離婚増加に歯止めを掛けようと、裁判所がラマダン（断食月）中には離婚を受理しない方針を示した。日中の飲食や喫煙を断つため、いらいらした男性たちが感情を爆発させ離婚に走りやすい、との判断からだ。

エジプトでは二〇一八年の離婚件数が二〇万件を超え、過去最多となり、このうち四〇％が結婚から五年以内の離婚だった。離婚率は四割に上り、特に若い女性の場合は六割に達する。シシ大統領は一七年、社会の安定を脅かすとして「口頭離婚」を認めない方針を示し、必要な法改正の動きに出た。一時の感情に流されて離婚に至れば、家庭が崩壊し、貧困や社会不安につながりやすくなるためだ。だが、宗教指導者は口頭離婚を容認している。

カイロの路上で果物を売るサバラさん（三八）も、夫の「宣言」で離婚された一人だ。長男（一〇）、長女（九）、次女（七）、次男（二）の四人の子供を抱え、物価高騰の中で、日雇いの土木作業員の夫の稼ぎだけでは食べていけなくなった。元々路上で果物を売っていた母親から仕入れを分けてもらい、自分で売ることにした。だが、ヘバさんの家庭と同じく、夫は「男と話す機会ができる。道で商売なんて、あばずれのすることだ」と怒り出し、サバラさんと子ども四人を追い出した。

実家に身を寄せてしばらくした頃、おじが夫を呼び、修復を試みた。「『あの一言』を言われたら終わりだ」。短気な夫を怒らせないよう、サバラさんとおじは、言葉を選び、慎重に話し合いを進めた。だが、途中で機嫌が悪くなった夫は、突然立ち上がると、サバラさんに向かって叫んだ。「離婚する！」。サバラさんは絶望し、その場に泣き崩れた。

離婚後、元夫からもらえるはずの毎月の生活費は滞ったままで、実家の一部屋を借り、サバラさんと子供の計五人が重なり合うようにして寝ている。暑い夏は地獄のようだ。「家も肩身も狭い。でも、他に暮らせる場所もない……」。サバラさんはそううなだれた。

妻からの離別、高いハードル

一方で、妻から離婚しようとする場合、夫が拒否をすればその実現は困難だ。エジプトでは、夫が性的に不能であることや、暴力をふるわれたことなど、離婚に正当な理由があることを裁判所で証人を立てて立証する必要がある。

二〇〇〇年に法改正され、こうした立証をしなくても妻が申し立てた離婚が認められるようになった。ところが、その場合、夫からの持参金や贈答品を全て返し、慰謝料など経済的な権利を放棄することが条件となる。そのため、資産が乏しい女性にとっては、依然として離婚自体が難しく、離婚後の生活も困窮するおそれがある。

離婚問題を多く担当してきたカイロのファリダ・ムニール弁護士は、「家庭内の出来事に関して、証人を複数人集めることは容易ではない。判決まで五年以上かかる場合も多く、途中で離婚をあきらめ、苦痛な結婚生活を耐え続ける女性たちもいる」と明かす。

追い詰められた妻の作戦

カイロの路上で物売りをするファティマさん（四三）は二度の離婚経験者だ。重度のケロイドが残る左手を袖で隠しながら、苦い思い出を語り始めた。

ファティマさんは六人きょうだいの末っ子で、幼い頃に両親を亡くし、学校は小学校までしか出ていない。家では兄や姉からよく暴力をふるわれた。このため、一九歳で最初の夫と結婚した時は、やっと幸せな家庭を築けると希望に満ちあふれていた。清掃員の仕事をしながら、四人の子宝に恵まれ、幸せな日々を過ごしていた。

だが、結婚から七年後のある日、大惨事に見舞われた。料理中、誤ってガスコンロを倒し、ジャガイモを揚げていた大鍋がひっくり返った。ファティマさんは、全身に油を浴びて大やけどを負い、病院に搬送された。幸い命は取り留めたが、医師からは、やけどの痕や後遺症は残ると告げられた。

入院中、なぜか愛する夫は一度も見舞いに来てくれなかった。「どうしたのかしら」。退院したファティマさんが、心配しながら自宅に戻り、玄関を開けると、目を疑う光景があった。家具などが撤去され、もぬけの殻。誰もいない。「一体、何が起きたの！」。近所の友人宅を尋ねると、四人の子供たちはそこにいた。夫は「引っ越すことになった。子供たちはすぐに引き取りに来る」とその友人に子供たちを預け、消息を絶ったという。郵便受けには、たまった郵便物に紛れ、夫が離婚届を提出したことを妻に通知する「離婚証明書」が届いていた。「やけどで醜い姿になった妻とは一緒にいたくないと思って逃げたのね。ひどい……」。ファティマさんはまだ痛みが残る体で、子供たちを抱きしめて泣いた。

二人目の夫とは、知人の紹介で知り合い、それから半年ほどして結婚した。働き者の電気修理工で、障害を抱えるファティマさんにも優しく接してくれた。子供を新たに二人授かり、「今度こそは幸せになれる」と確信した。

だが、三年たった頃から夫の態度が変わり始めた。薬物に手を出し、仕事にも行かなくなり、「代わりにお前が稼げ」と、ファティマさんに路上で物売りの仕事をさせるようになった。ファティマさんが留守の間、家では恐ろしいことが起きていた。夫は、子供たちに暴力をふるうようになり、一七歳に成長した連れ子の長女に手を出そうとした。

「このままでは、子供たちが危ない。夫と離婚しなければ」と決意したが、夫が応じるはずはない。ファティマさんは、女性から離婚できる方法があると聞いていたが、法的な手続きはさっぱり分からなかった。弁護士に依頼する費用など用意できない。追い詰められたファティマさんに、ある「作戦」が浮かんだ。夫に自ら離婚宣言させる方法だ。

「いい加減にあなたも仕事をして！仕事をしない夫は、男として失格よ！」。三年前のある日、いつものように家で薬物を摂取し、ごろごろしている夫に対し、わざと激しい言葉で責め立てた。挑発に乗った夫はファティマさんに激高し、ののしった。ファティマさんもひるまず言い返し、二人の喧嘩はエスカレートした。そして、夫はついに大声で言い放った。「お前とは離婚だ！」。

ファティマさんの作戦は成功した。夫はその後、ファティマさんに三〇〇〇ポンド（約一万八〇〇〇円）の慰謝料を要求してきた。本来は、離婚した際に夫が妻に払うべき補償だが、この離婚のチャンスを逃すまいと、ファティマさんはなんとか全額支払った。

ファティマさんは自らの体験で、制度が女性にとって不利なことを実感し、「家庭内では女性が弱い立場に置かれることが多い。なのに、女性から離婚しづらいのは不公平だ」と憤る。路上の「物売り仲間」の中でも、夫に虐げられて離婚を望んでいる女性は多いが、「弁護士を雇ったり、離婚の手続きを理解出来たりする賢くてお金持ちの女性は、この国で一握りしかいない」と訴えた。

ファティマさんは最近、モスク（イスラム教礼拝所）の入り口付近に陣取り、礼拝に使う数珠や、お香などの雑貨を売っている。礼拝に来た人たちが足を止めやすく、寄付ももらえる可能性が高いからだ。売り上げは、多い日でも約五〇ポンド（約三〇〇円）と相変わらず苦しいが、最近、うれしい出来事もあった。元夫の手込めにされかけた長女の結婚が決まったという。ファティマさんは、娘の笑顔を見ながら、こう言った。「あの男が『離婚だ！』と言わずに結婚が続いていたら。考えるだけで恐ろしい」

2　親権　再婚で喪失か（サウジアラビア）

わが子を抱けず、「人生で最悪の時」

離婚しても子供への愛情は変わらない。だが、子供との距離は離婚によって遠くなることもある。小学校の下校時、校舎から出てきた息子に遠くから手を振った。幼い娘が映った写真やビデオを毎日眺めては涙した。近くに行って抱きしめたいと思っても、その願いはかなわない。

「今思うと人生で最悪の時でした」。サウジアラビア西部ジッダで、ナダさん（四九）は一三年前を振り返った。航空会社の調達担当役員だった父と、主婦だった母との間に生まれ、裕福な少女時代を過ごした。大学では微生物学を学び、一九九二年に卒業すると、両親の紹介で知り合った夫と結婚した。一男一女に恵まれた。大学時代の専門を生かし、米国やエジプトにも留学し、子育てしながら、大学やメディアを相手にコンサルタント業を営んだ。だが、夫とすれ違いの生活で、二人の溝が次

サウジアラビア西部ジッダで、子供の親権を得られなかった悔しさを語るナダさん（本間圭一撮影）。

第に深くなる。結局、「性格の不一致」から一一年後に離婚した。

イスラム教の預言者ムハンマドは、離婚した女性に「再婚しなければ、子供を引き取れる」と発言したと伝えられる。多くの国でこれが法律となった。だが、実際に妻が子供を引き取れるケースは少ない。エジプトでは、離婚した女性のうち、親権を得られたのは約二割にすぎないという。

その理由は、裁判で、親族以外との再婚が確認されたり、扶養能力が認められなかったりするためだ。イスラム教徒であることをやめたり、不貞な行為が明るみに出たりした場合も親権を失う。クウェートでは二〇一七年、子供の親権を争う前夫が、ビキニ姿の前妻がビーチで若い外国人男性と並んでいる写真を裁判所に提出し、前妻は不道徳で子供を扶養する資格がないと主張した。裁判所はこれを認め、親権は前夫に渡った。

イスラム法は、前妻が再婚した場合を想定し、養育権の順位を定めている。再婚した前妻が親権を持てば、前妻の子供は新しい父親と過ごすことになり、子供が女の子の場合は不義理が起こりかねないことに対応する狙いもあるようだ。

ナダさんの場合、前夫が、ナダさんとその実母に子供を扶養できる財産がなく、ナダさんが近く再婚予定だと裁判所に訴えた。裁判所はこれを認めた。ナダさんが子供に会えるのは週末だけとなり、成人した子供と自由に会えるようになったのは最近のことだ。

改革進むが道半ば

前妻の親権については各地で回復の声が上がっている。ヨルダンの首都アンマンでは二〇一五年、著名な女性記者が五歳の娘の親権に関連して逮捕された際、国内で大きな反発の声が上がり、翌日に釈放された。国際人権団体ヒューマン・ライツ・ウォッチ（ＨＲＷ）は「中東では、離婚した女性の親権が保護されていない。民法は女性に男性と同じ権利を与えていない」と批判する。ＨＲＷによると、中東では法の不備により、男性は再婚後も前妻との間の子供の親権を持てるが、女性は再婚後、前夫との子供の親権を放棄せざるを得ないことが多い。また、レバノンでは、教育がなかったり、元夫と宗派が違ったりする理由で、前妻が親権を失うことがあるという。

各国で改革は進むが、なお道半ばだ。アルジェリアでは、一九八四年の家族法により、子供の養育権は前夫に与えられてきたが、二〇〇五年になり、離婚した前妻にも養育権が認められた。しかし、前妻が再婚した場合の親権喪失規定はなかなか削除されなかった。

結局、前妻たちは、前夫に知られないようにひそかに再婚したり、恋人と再婚せずに同居したりして、子供を手放さないように腐心している。

――だが、子供と一緒に過ごせても、満ち足りた生活になるわけではない。子供と一緒に父親を待つ母親もいる。

3　シングルマザー　逃げた男を待つ（モロッコ）

行きずりの男に売春、妊娠

「どんなことがあってもあなたを手放さない。安心して生まれてきていいよ」。モロッコ中部ベニメラルで、妊娠八か月のナジュワさん（一九）は大きなおなかをなでながら、語りかけた。生まれてくる子に父親はいない。もうすぐ、シングルマザーになる。

母親もシングルマザーで、ナジュワさんは生まれてすぐに捨てられ孤児になった。引きとられた家では、実の子だと思って育ったが、いつも兄や姉とは差別され、嫌われていると感じてきた。六歳の頃、親戚の集まりで、おじにわいせつな行為をされた。でも、家族は助けてくれず、見ない振りをしていた。家族旅行にはナジュワさんだけが置いていかれた。

「あれ、名字がない……」。孤児だと気付いたのは一四歳の頃、初めて自分の身分証を見た時だ。名字の欄が空白だった。父親がいないことを意味する。養母に聞くと、「お前はうちの子じゃない。捨て子だよ」とあっさり認めた。ショックで泣き出したナジュワさんに、「感謝しなさいよ」と言うだけだった。

一六歳の頃、養母に「ここは、お前が住む場所じゃない。まだ分からないのか？」と言われ、家を追い出された。路上生活を始めると、男たちが体を求めて寄ってきて、「売春」という方法でお金を稼げるのだと知った。一回一五〇ディルハム（約一五〇〇円）。ナジュワさんは避妊方法を知らず、行きずりの「売春婦」相手に避妊具を付ける客も少なかった。そして一八歳の時、妊娠が発覚した。うろたえた。「これからは売春ができなくなる。出産に子育て……。どうしよう」。一方で、うれしい気持ちもこみ上げてきた。「初めて、私にも本当の家族ができる。やっと一人ぼっちじゃなくなる」。生みの母が自分を捨てた事情は分からなくもない。でも、「私は絶対に同じ事はしない。この子を立派に育ててみせる」と決意した。

イスラム教では、婚姻関係以外での性交渉は禁止されている。だが、欧州の影響が色濃いモロッコなどでは、結婚前に交際相手らと肉体関係を持つ女性は少なくない。失業率が高い地方では、フランスやイタリアへ移民として働きに行き、「大金」を手にして帰省した若者たちが、地元の少女らと関係を持つことも多い。「この人と結婚したら、私もヨーロッパで生活出来るかも」という期待が、婚前交渉という一線を越えさせてしまうという。

モロッコ中部ベニメラルで、大きくなったおなかに手を当て「早くこの子に会いたい」と話すナジュワさん（倉茂由美子撮影）。

だが、婚前交渉が発覚すれば、禁錮刑が科せられる可能性がある。家族の

「大スキャンダル」にもなる。そのため、女性が妊娠すると、ほとんどの男性は認知せず、行方をくらませる。モロッコでは二二万人以上の女性がシングルマザーとなり、毎日一五〇人以上の婚外子が生まれているとされる。

保守的な南部ワルザザート出身のザヘーラさん（仮名、二四）もその一人だ。

「もう待てない。どうせ結婚するんだから、いいだろ？」。婚約者（四二）にしつこくせがまれ、結婚まで処女を貫くと決めていたのに妥協してしまった。たった一度だけ。それで妊娠した。

彼に妊娠を打ち明けると、「まだ誰にも言うなよ。結婚が駄目になる」と言われ、「来週、カサブランカの親戚に、君を紹介しに行きたい」と誘われた。長距離バスで一〇時間かけ、最大都市カサブランカに着いた。「田舎者」のザヘーラさんには大都会だ。「ちょっと飲み物を買ってくるよ。待ってて」。彼はそう言って、バスターミナルから人混みに消えていった。そして二度と戻らなかった。

もうすぐ二年がたつ。ザヘーラさんは実家に帰るわけにもいかず、カサブランカでずっと彼を探している。だが、彼から連絡は一度もないまま、一人で出産した双子の娘は一歳になった。どんなに愛する我が子でも、二人してぐずられると、大声を上げたくなる。「なんで私がこんな目に！あの男のせいよ！」。

父親なき母親の連鎖、支援に限界

「今、『第二世代』のシングルマザーが増えている」。女性支援団体のハビーバ・チョトビ代表は、こう指摘した。ナジュワさんのようなケースだ。シングルマザーは、実家から縁を切られ、子供は捨てられることが多いという。「そうした子供たちは、差別されて社会からはじかれ、教育も十分に受けられない。男性に性暴力を受けたり、食いつなぐために売春に手を染めたりしやすい」と話す。

チョトビさんの団体では、シェルターを用意し、シングルマザーたちの相談に乗っているが、こうした支援団体の活動には限界がある。「売春婦を甘やかしている」といった批判にさらされ、資金集めが難しいからだ。カサブランカにある女性支援団体では、シングルマザーが働く食堂やハマム（銭湯）を作り、「父親なき母親の連鎖」を断ち切るための活動をしている。代表のアイシャ・チェンナさんは、シングルマザー支援のけん引者として国際団体から何度も表彰されているが、ここで支援を受けた女性は一〇年間で計約七〇〇〇人。増え続けるシングルマザーの一部に過ぎない。

ひどい仕打ちをされても、一度愛した男のことは信じたい。その気持ちは多くのシングルマザーに共通するようだ。

「いつか、彼はこの子と私を迎えに来てくれるはず」。カサブランカの清掃婦スアドさん（一九）は、生後七か月の長女を抱きながら、言い聞かせるように祈った。

二年前、交際していた彼氏（二二）に、「絶対に君と結婚する」と押し切られて体を許した。近所の空き家が二人の「愛の巣」となり、以後、何度も関係を持った。そのたびに、「一生君を幸せにする」「僕は本気だ」とささやいてくれた。

妊娠が発覚すると、彼は真剣な表情で、「俺が全力で二人を守るよ！」と言って抱きしめてくれた。

「良かった。この人は結婚の約束を果たしてくれる」と信じた。ところが、ある日、いつものように「愛の巣」で眠り、目を覚ますと、彼は姿を消していた。携帯電話にかけても、すでに解約されていた。彼の友人を探し出して尋ねても、「あいつはヨーロッパに行った」という人もいれば、「(南部の)砂漠の方に行った」という人もいて、本当のことは分からなかった。

スアドさんは家族に「結婚した。夫は欧州に出稼ぎに行った」とうそをついて産んだ。未婚のまま男に捨てられたと知られれば、絶縁どころか、殺される可能性もある。夫から仕送りをしてもらっていることにしているため、実家に生活費を頼ることもできない。清掃婦の収入は月五〇〇ディルハム(約五〇〇〇円)。同居の友人と折半している家賃を払えば、ほとんど手元には残らない。乳児用のミルクは高くて買えず、娘に与えているのは大人用の乳飲料だ。「これで本当に、健康に育つのだろうか……」。不安が募る。

だが幸い、我が子は日々大きくなっている。成長はうれしいが、その分焦りも出てくる。スアドさんはまだ、長女の出生届を出していないからだ。父親不在のまま提出すれば、シングルマザーの子となり、役所から適当に父親の名前を付けられてしまう。後から本当の父親が現れても、彼の名前に変えることは難しい。

「何とかして、彼の名前を付けてあげたい。父親のいない子になれば、この子の人生はつらいものになる」。スアドさんは、彼を待ち続ける理由を語った。そしてうつむき、こうも漏らした。「それにまだ、捨てられたと認めたくない」。

4　テロリストの母「わが子よ、天国へ」（モロッコ）

「ジハード（聖戦）」と叫ぶ息子、母親責任論も

子供がどう成長しようとも、わが子を想う母の心に変わりはない。

「たとえテロリストだと言われても、息子には天国に行っていてほしい」。モロッコ中部の貧しい農村で、主婦ワリーダさん（七〇）が息子カマルさん（当時三五歳）の写真にキスをし、天を仰いだ。カマルさんは二〇一三年、シリアに渡ってイスラム過激派組織「イスラム国」の前身組織に参加し、死亡した。弟や妹ら四〇人の若者が、この村からカマルさんを追って「イスラム国」に加わった。

村は見渡す限りの平野にあり、車はほとんど走っていない。代わりに、大きな荷物を背負ったロバがゆっくりと歩き、喫茶店では、伝統衣装「ジュラバ」を着た男性たちが談笑にふける。大勢の若者が過激派に参加した村とは思えないのどかな光景だ。

「サウジアラビアで仕事を見つけたんだ」。優しく、冗談が好きなカマルさんは、ある日突然、開いていた書店をたたみ、村を出た。「僕はもう使わないから」と言って、車や服といった所持品を惜しげもなく姉や友人にあげていた。出発の朝、ワリーダさんが「体に気をつけるんだよ」と思い切り抱きしめると、カマルさんは泣いていた。

約半年後、ワリーダさんは近所の人に呼ばれ、インターネットの動画サイトを見せられた。動画は

モロッコ中部で、涙を浮かべ、「神のご加護を」とささやきながら、息子カマルさんの写真にキスをするワリーダさん（倉茂由美子撮影）。

シリアで撮影されたもので、宗教指導者を名乗るカマルさんが、迷彩柄の戦闘服姿で自動小銃を突き上げ、「敵は全員殺せ。団結してジハード（聖戦）に向かえ。アッラーフ・アクバル（神は偉大なり）！」と叫んでいた。

「そんなはずない。息子はサウジにいるはずよ」と疑った。数日前にも、「元気にやっているよ。母さんに似合う服を見つけたんだ」と電話があったからだ。だが、動画に映っているのは間違いなく、カマルさんだった。「お調子者で楽天的な息子が、過激思想にこんなに染まっていたなんて……」。数日後、再び投稿されたのは、頭と鼻から血を流した息子の遺体の写真だった。投稿したのはおそらく仲間の戦闘員だろう。「殉教者」として、たたえる文言が添えられていた。

イスラム教では、子供を良きイスラム教徒に育てる責任は女性にあるとされる。こうした考えを逆手に、過激派組織の中には、若い戦闘員を集めるため、最初に母親たちを洗脳して媒介者にしようとした組織もある。モスク（イスラム教礼拝所）などで母親たちに「聖戦」の重要性を説き、家で息子たちにそれを伝えさせる。それだけ、子供に対する母親の影響力と責任は大きいと考えられている。

このため、カマルさんが「イスラム国」に入って死亡したことが広まると、ワリーダさんも「人殺しを育てた」「テロリストの母親だ」と非難の言葉を浴びたり、付き合いを避けられたりするようになった。

「なぜ、あの子は『イスラム国』に共鳴してしまったの?」。ワリーダさんは、どれだけ考えても答えが出ない。イスラム教徒同士で殺し合ったり、罪のない市民を殺したりする「イスラム国」は、ワリーダさんにとっても、「火獄に行くべき犯罪者集団」だ。

それでも、息子については、「あんな残忍なやつらとは違う。きっと息子が向かったのは、シリアの子供たちを救うための聖戦だったのよね」と擁護する。コーラン第三章「イムラーン一家」には、「アッラーの御為めに殺された人たちを決して死んだものと思ってはならないぞ。彼らは立派に神様のお傍で生きておる、何でも充分にいただいて」とあり、聖戦で殉教した者は、すぐに「天国」に行くことが約束されている。

過激派のリクルート活動

地元の人権活動家で元教師のハンサリ・モクタルさん（六四）は、この村から多くの若者がシリアに渡った理由として、「貧しく退屈な村で、人生を輝かせる唯一の扉だった」と分析する。

ハンサリさんは、カマルさんら村の若者らがシリアに渡る前、「何か起きるのでは」と不穏な雰囲気を感じていた。見知らぬ男が村に来て、カマルさんら若者を集めて夜な夜な会合を持っていたという噂が流れた。「村の人気者をターゲットにし、その人望を使って若者たちを信用させた。そして、『英雄になれる』とそそのかしたのだろう」とみている。シリアやイラクに渡り、「イスラム国」の一員として戦闘に加わったモロッコ人は一二〇〇人以上とされる。チュニジアやサウジなどに続き、七番目に多かった[11]。

近所の主婦ファティマさん（五六）も、「イスラム国」に加わり、死亡した息子を持つ母親の一人だ。二〇一四年、息子アーデルさん（当時二五歳）が「リビアでいい仕事を見つけた」と言って、家を出た。体の弱いファティマさんは、「お金が必要ならば、私の財産を全部お前にやる。だからどこにも行かないでおくれ」と懇願したが、「どうしても行かなくちゃいけないんだ。一年で戻るから」と聞く耳を持ってくれなかった。

その後、息子からはこまめに電話があったが、いつも様子が変だった。「元気に仕事しているよ。心配しないで」と早口で言うとすぐに切れ、「待って！今どこ?」との質問に返事はなかった。そのうち、妹二人も、サウジやアラブ首長国連邦（UAE）に行くと言って、それぞれの夫と家を出た。村の人たちに、若者が大勢「イスラム国」に加わるためシリアに向かったと聞き、その中にアーデルさんと妹たちも含まれていた。

アーデルさんが家を出てから約一〇か月後、ファティマさんは一本の電話で奈落の底に突き落とされた。「あなたの息子は、シリアで死亡しました」。知らない男が淡々とした口調で伝えた。ファティマさんは夫とともに泣き崩れた。「なんでこんな事に。『イスラム国』に加わると知っていたら、警察に逮捕させてでも、渡航を阻止したのに。テロリストと呼ばれても、生きていてほしかった」

一八歳で結婚したファティマさんがアーデルさんを出産したのは二六歳の頃だった。なかなか子宝に恵まれず、妊娠にいいと言われることは全て試した。あきらめかけた頃、やっと授かった愛息。「神がくださった命。優しく、善きイスラム教徒に育つよう、与えられる物は全て与えよう」と愛情を注いできたつもりだ。そのかいあって、まじめで親孝行の少年に育った。中学を卒業すると、父を継いで家業を助けたいと言って、高校には行かず、タイル工の修業を始めた。「一人前になったら、イタリアに出稼ぎに行き、両親を楽にする」というのが口癖だった。一日五回の礼拝や、ラマダン（断食月）の断食もまじめに行ってきた。

アーデルさんを亡くした今、ファティマさんは、自身の子育てを悔いていた。「息子は、悪いやつらに洗脳された。私が、優しくて純粋すぎる子に育ててしまった」。体を壊し、寝込む日が続いている。

一方で、救いの知らせもあった。同じく「イスラム国」に入り音信不通だった娘二人がシリアのキャンプにいるとの情報があったのだ。少数民族クルド人主体の民兵組織が「イスラム国」の支配

---

(11)　イスラム過激派組織「イスラム国」の外国人戦闘員
「イスラム国」が支配したシリア、イラクでは多くの外国人戦闘員が加わった。ソウファン・グループの調査から主な国を抜粋すると、最も多いのがチュニジアで約六〇〇〇人。次いで、サウジが約二五〇〇人、ロシアが約二四〇〇人、トルコが約二一〇〇人、ヨルダンが約二〇〇〇人、フランスが約一七〇〇人、モロッコが約一二〇〇人、レバノンが約九〇〇人、エジプトが約六〇〇人。

地を制圧し、「イスラム国」戦闘員の妻たちがキャンプに収容されたようだ。テレビでは、キャンプの様子が報じられ、アバヤ（全身を覆う黒色の服）とニカブ（目以外の顔を覆う布）をまとう女性の中に、娘たちが映っていたようにも見えた。

娘たちは帰国すれば、収監される可能性が高い。いずれ村に帰ってくることができたとしても、周囲から後ろ指を指されるに違いにない。それでも、ファティマさんは、「誰にどんな非難をされても、『お帰り』と言って抱きしめる。そして、あの子たちの大好物だった手料理を並べて迎えたい」と涙を浮かべた。

5　糖尿病　やせられない嘆き（サウジアラビア）

体形気にかけない服装

人は老いると心身ともに様々な困難と向き合う。イスラム圏の場合は、肥満もその一つになる。

サウジアラビアの首都リヤドで、学校職員のハウラさん（五三）は、深いため息をついて、離婚した夫への恨み節を吐いた。「今さら、『太った女は嫌い』だなんて。勝手すぎる！」。肥満から糖尿病を患い、三年前、二八年間連れ添った夫（五七）に離婚された。「あの人が望むだけ子どもを産んで、家庭に尽くしてきたのに」。怒りで声が震えていた。

イスラム圏は、糖尿病が最も多い地域の一つで、この病気になる割合が高い上位二〇か国のうち、

表　成人（20 ～ 79 歳）の糖尿病有病率の推計（%）

	北アメリカ・カリブ	南・中央アメリカ	中東・北アフリカ	アフリカ	東南アジア	西太平洋	ヨーロッパ	世界全体
2019 年	11.1	8.5	12.2	4.7	11.3	11.4	6.3	8.3
2030 年	12.3	9.5	13.3	5.1	12.2	12.4	7.3	9.2
2045 年	13.0	9.9	13.9	5.2	12.6	12.8	7.8	9.6

出所：国際糖尿病連合「IDF 糖尿病アトラス」（第 9 版）。

九か国を中東諸国が占める。糖尿病の主な原因が肥満だ。サウジでは国民の五人に一人が糖尿病とされ、肥満女性は六八％に上り、男性の二倍近い。

原因は、食生活と生活習慣にある。砂糖をたっぷり入れたお茶に、塩分や油が多いハイカロリーの食事。灼熱の気候では、外で運動をする習慣もない。女性はゆったりとした衣装で体のラインを隠すため、日常的に体形を気にかけない。そんな中東特有の環境やライフスタイルが、肥満とその結果の糖尿病の背景にある。

さらに、サウジの保健省幹部の一人は「この国で糖尿病が多い理由には、『美しい女性像』が深く関係している」と説明した。イスラム教では、子どもを多く産み、良きイスラム教徒に育てることが、女性の役割だとされてきた。そのため、結婚相手を選ぶ際には、やせている女性よりも、ぽっちゃりした女性の方が、「健康的」で美しいと考えられてきたのだ。

結婚後も、妻が忙しく動き回ると、「貧乏くさい」とみられた。特に、産油国として急成長したサウジなどでは、多くの家庭で住み込みの使用人や運転手を雇った。妻を家でゆったりと過ごさせることは「男の甲斐性」となった。ふくよかな妻をもつことは、いわば富の象徴のようにみられた。

だが、インターネットなどの普及で外国の価値観が浸透し、欧米の歌手やハリウッド女優のようなスリムな女性が美しいと考えられるようになってきた。肥満が糖尿病の根源となることも一般的に知られるようになった。健康志向が高まり、伝統的な美しさの概念が近年、変わりつつある。その変化がハウラさんの結婚生活にも影響したのだ。

二二歳で結婚した当時の体重は七〇キログラム台後半で、体形はぽっちゃりしていた。夫はいつも「君の大きなお尻はセクシーだ」と甘くささやいてくれた。「子供はできるだけ多い方がいい」という夫の望みに応じて子作りに励み、六人の子供をもうけた。出産を繰り返すたびに、体重は増えたが、ハウラさんに許された行動範囲は家の中だけだった。妻が他の男と接触するのを防ぐため、夫は自分の留守中に、ハウラさんが一人で外出することを禁じていたからだ。退屈で息苦しい毎日。ストレスで、体重はいつしか一〇〇キログラムを超え、糖尿病を患った。

夫の態度が変わったのは、七年前のことだ。「なんでお前はそんなに醜いんだ！」。夫はハウラさんをののしり、二五歳の女性を第二夫人にすると言って家を出た。去り際、「俺は痩せている女の方が好きなんだ」と捨て台詞を吐いた。

「夫を取り戻したい」。ハウラさんは、一年かけて必死のダイエットをした。三〇キログラム痩せると、夫は家に戻ってきてくれた。だが、若くてすらっとした第二夫人も一緒だった。一夫多妻の同居生活はさらなるストレスとなり、ハウラさんの体重はリバウンドした。夫は再び出て行き、その後、一方的に離婚された。

自分を見捨てた夫に、今はもう未練はない。ダイエットに再チャレンジし、体重は七〇キログラム台に戻した。一人で糖尿病の闘病生活を送りながらも、初めて仕事も見つけ、充実している。ただ、離婚によって、六人との子どもとも距離ができてしまった。「母さんがデブだったせいで、家族がばらばらになった」と責められ、ハウラさんは「全て、私が太っていたせい……」と自責の念に駆られている。

夫婦で闘病、毎日の散歩

糖尿病は今や、サウジの国民病だ。ドラッグストアでは、入り口付近の一番目立つ場所に家庭用の血糖測定器がずらりと並ぶ。西部ジッダの国立病院では、午前七時頃から、糖尿病の診察に中高年の女性患者らがぞろぞろとやってくる。

「ちゃんと運動してた?」。国立病院の糖尿病専門病棟。女医のサウサンさん（五二）にそう尋ねられると、患者の主婦ナヒールさん（四五）はただうつむくだけだった。

通院のたびに、サウサン医師から「運動をするように」と何度も言われている。だが、指導に従ってきちんと運動をしたためしがない。この日は、検査の数値が悪かったため、ナヒールさんは「やろうという気持ちはあるの。でも……」と口ごもるしかなかった。

サウジでは二〇一七年まで、公立学校で女子生徒の体育や、女性用のジムが禁止されていた。だから、ナヒールさんは、今まで「運動」というものをやったことがない。「今さら、急に運動って言われても。どうやってやればいいのか分からないのよ」。

ジッダで、糖尿病の診察に訪れた患者のナヒールさん（左）に運動方法を説明するサウサン医師（倉茂由美子撮影）。

「運動」として、掃除機をいつもより多めにかけてみた。でも、糖尿病の症状で足が痛み、結局、ソファに座って、携帯で女友達とチャットをして一日の大半を過ごしてしまう。

ナヒールさんをたしなめるサウサン医師も、実は糖尿病持ちだ。産後、体重が八〇キログラム台に増えて発症した。以来、自宅にフィットネス用の自転車型マシンを購入し、毎日帰宅後の日課にして再発を防いでいる。

共働きの家庭でも、カロリーの高い外食やファストフードなどの出前になりがちで、専業主婦の家庭より肥満になりやすいとの調査結果もある。サウサン医師は、「どちらにしろ、遺伝の影響もあり、サウジ人女性は、油断をするとすぐに太って糖尿病になる。薬の中には副作用で食欲が増すものもあり、運動抜きで治すのは厳しい」と話す。

夫と一緒に糖尿病と闘う女性もいる。ジッダの主婦ガダさん（五二）は一五年前から肥満による糖尿病になり、以来定期的な病院通いと、毎日の飲み薬が欠かせない。肥満になったのは、子供を四人産み終えた三七歳頃。体重は一時一〇〇キログラムを超え、運動をするように医師に言われても、体が重すぎたせいで膝を痛めた。運動よりも体重を減らすことが先決だとして、胃を小さくする手術を受け、体重を激減させた。体重を維持させるため、野菜中心の食事に切り替えようと思ったが、肉が好きな夫や息子の協力を得られず、ガダさんは再び太り始めた。

だが五年前、夫も肥満から糖尿病になり、夫婦そろって闘病することになった。「健康のためなら仕方がない」と夫も肉料理をあきらめた。今は、野菜中心のヘルシーな食事がすっかり定着し、家族にも好評だ。二人で自宅の周りをウォーキングするのも日課になった。歩きながら、夫婦のたわいもない話も弾むようになった。ガダさんは「二人で病気になるのは、悪いことばかりじゃない」と言い、夫と顔を見あわせて笑った。

――年を重ね、病気と向き合うイスラムの女性。老後では、相続という壁と向き合うことになる。

6　相続　男の半分（チュニジア）

元キャリアウーマンの嘆き

「女がみんな結婚する時代じゃないでしょ」。北アフリカ・チュニジアの首都チュニス中心部にある古びたアパートで、ファトマさん（六二）が不機嫌な表情を浮かべた。

名門の国立チュニス大を卒業して財務省に入り、女性としては珍しい税務局ナンバー2まで上り詰めた。結婚はせず、仕事一筋でキャリアを築いた。二〇一七年に退職し、今はわずかの年金と貯蓄だけが頼りだ。不安な老後を思う時、二四年前に他界した父の遺産分割での怒りがよみがえる。自分の取り分は、兄の半分の五%だけだったからだ。

イスラム教のコーラン第四章「女性」には、「男（息子）には女（娘）二人の取り分に相当するものがある」といった記述があり、女性の相続が男性の半分という根拠となる。男性が保護者として女性を養うため、その原資として遺産で多くを与えると解釈されている。チュニジアなどイスラム圏の大半の国では、この教えを相続法に盛り込み、相続の男女格差を合法化している。

イスラム教が広がる前のアラブ社会では、成人男性のみが遺産を相続する権利があった。そのため、女性の相続を男性の半分とするコーランの規定は当時、女性に新たな権利を保障する画期的な内容だったと言われる。

だが、それから一四〇〇年もの歳月が流れ、社会は大きく変化した。女性は、必ずしも男性に扶養される存在ではなくなった。「キャリアウーマン」として人生を歩んだファトマさんもその一人だ。

結婚のチャンスがなかったわけではない。何度か縁談はあったが、結婚後は専業主婦になることを求める男性が多く、「やりがいのある仕事を簡単に辞めたくはなかった」。いつかは結婚しようと思っていたが、職場で責任ある立場を任されるようになり、仕事に没頭していった。気が付けば、二〇歳代の「結婚適齢期」は過ぎ去り、縁談も来なくなった。

そんな時、年下の知人男性から交際を申し込まれ、肉体関係を迫られた。ファトマさんは、「この人を逃したら、最後かもしれない」と思い、体を許したが、彼にとっては遊びだったようだ。数回関係をもった後、あっけなく振られた。処女を喪失したファトマさんの結婚は、さらに遠のいた。「処女でもない年増女。結婚するのはあきらめた」と明かした。

三〇年前から住むアパートは老朽化し、階段や壁には大きなひびが入る。取り壊しが決まり、大家から立ち退きを迫られているが、転居先が見つからない。物価は上昇しており、新しい部屋を借り直せば、家賃は今の五倍に跳ね上がる。高血圧を患い、月々最低でも約五〇〇ディナール（約一万八〇〇〇円）かかる医療費の負担も重い。月約一九〇〇ディナール（約七万円）の年金では足らず、現役時代の貯金を切り崩す日々だ。

「相続が男女平等なら、あと一万ディナール（約三六万円）は多くもらえた。引っ越しやアパート購入の頭金にもできたはず……」と嘆く。

チュニスのアパートで相続の不平等を訴えるファトマさん（倉茂由美子撮影）。

女性の社会進出が進むチュニジアでは、成人女性の未婚率は六割に上る。さらに、離婚率も二割近くまで上昇し、女性自身が生計を立てるケースは確実に増えている。ファトマさんは、「男性による扶養が保証されれば、少ない相続でも我慢できる。でも今は違う。相続も時代に合わせないと、イスラム教の『公平』の理念に反する」と訴える。

法改正の機運

こうした声は、ファトマさん一人ではない。

チュニスの女性活動家ライラ・シェビーさん（五五）は、兄弟六人と親の遺産相続で争っている最中だ。兄は「コーランに基づく相続以外はあり得ない」と主張するが、ライラさんは憤まんやる方ない。なぜなら、両親が住んでいた家は、購入時に、ライラさんが半分以上を負担したからだ。資金が足りなかった両親は、子供たちに援助を求めたが、応じたのはライラさんだけだったという。その後の生活費を支援したり、病気になった時に面倒を見たりしてきたのもライラさんだった。「兄弟は、両親をほとんど助けてこなかった。もらう時だけ権利を主張するなんて、がめつい」と怒り、「今のままでは私の取り分はたった八％。法改正が実現するまで粘り続けるしかない」と言い切った。

二〇一七年、相続の男女格差は男女平等をうたう憲法違反だとして、法改正を求める動きが盛んになった。世俗派のカイドセブシ大統領（当時）は、女性の権利を拡大するための法改正に相次いで着手したのだ。

ライラさんが相続の割合にこだわるのは、自分の受け取る金額だけが問題ではない。こうした法律上の男女の差が、チュニジア社会全体で女性が苦労する原因になっていると考えるからだ。二人の娘を持つ母としても、「女性が、女性だというだけで不利に扱われる社会を、娘たちの世代に残したくない」と語気を強めた。

ライラさんは、民間活動団体（ＮＧＯ）で女性の地位向上の活動を続ける中で、地方では多くの女性は男性の半分どころか、全く相続を受けていない現実を知ったという。二〇一四年の統計では、父親を亡くした女性のうち、八五％が土地を相続できなかった。農村では、男性の半分しかもらえない女性の土地は小さくなってしまうため、結局、兄弟が全て相続してしまうことが多いという。

女性団体代表のハディージャ・シャリフさん（六八）は、相続の実情が、女性の農業経営や、土地を担保にした融資を難しくしているとして、「相続の不平等は、女性を貧困にし、男性への従属を固定化するものだ」と指摘する。

このため、相続の男女平等を求める声は高まる。二〇一八年三月には、チュニスで法改正を求めるデモが起きた。チュニジアでは、強姦の加害者が、被害女性と結婚すれば罪に問われないとする刑法条文の撤廃や、イスラム教徒の女性が、他宗教の男性と結婚できないとする規制の撤廃が実現しており、女性団体は相続法改正に向けた活動を強化する考えだ。

「コーラン変えられぬ」

しかし、抵抗勢力が法改正の実現を阻む。二〇一七年に民間会社が行った世論調査では、相続の平等化に反対と答えた女性は五八％に上った。[12] 反対派の多くは「コーランに明確に書いてあることを、変えることはできない。変えればイスラム教徒でなくなる」と考えている。公平よりも教義を重視する女性が多いことを物語る。

女性活動家のカウサル・チティバさんは、「イスラム教にとって最も大事なのはコーラン。たとえ法律を変えたとしても、コーランに背く内容をイスラム教徒が実践するとは思えず、相続の実態は変わらない」と断言する。

反対派には、別の理由もある。人権派弁護士ラミア・ファルハーニさん（四五）は、相続を男女平等にする考え自体には賛成するが、「今はその時ではない」と言う。

チュニジアは、中東全域に波及した二〇一〇～一一年の民衆蜂起「アラブの春」の震源地であり、その後の民主化が「唯一成功した国」とも言われる。だが、内政は不安定なままで、国民が分断されれば混乱に逆戻りしかねない。イスラム過激派組織「イスラム国」には、六〇〇〇人以上の若者らが加わり、外国人戦闘員の出身国としては最多となった。その後、「イスラム国」の縮小にともなって帰国した戦闘員も多く、「テロリスト」の分子が各地に潜んでいる。

ラミアさんは、「法改正すれば、コーランに従わない『背教者』の国だとみられ、イスラム過激派に格好の攻撃理由を与えてしまう」と心配そうな表情を見せた。

(12) 相続の男女格差

民間団体が二〇一七年一一月に実施した「相続の男女平等化」についての世論調査によると、賛成は三二％、反対は六六％であった。男女別では、賛成と回答した男性は二三％、女性は四〇・五％。反対と回答した男性は七四・九％、女性が五七・六％であった。

主要参考文献

池内恵『現代アラブの社会思想――終末論とイスラーム主義』講談社現代新書、二〇〇二年。

池内恵『イスラーム国の衝撃』文春新書、二〇一五年。

井筒俊彦訳『コーラン』(上・中・下)岩波文庫、一九五七年、一九五八年。

井筒俊彦『イスラーム文化――その根底にあるもの』岩波文庫、一九九一年。

大川玲子『聖典「クルアーン」の思想――イスラームの世界観』講談社現代新書、二〇〇四年。

大塚和夫『いまを生きる人類学――グローバル化の逆説とイスラーム世界』中央公論新社、二〇〇二年。

大塚和夫・小杉泰・小松久男・東長靖・羽田正・山内昌之編『岩波 イスラーム辞典』岩波書店、二〇〇二年。

外務省ウェブサイト「外務省員の声」(https://www.mofa.go.jp/mofaj/press/page22_000306.html)。

加藤博『「イスラムVS西欧」の近代』講談社現代新書、二〇〇六年。

カレン・アームストロング著、小林朋則訳『イスラームの歴史――一四〇〇年の軌跡』中公新書、二〇一七年。

川上洋一『クルド人 もうひとつの中東問題』集英社新書、二〇〇二年。

小杉泰『イスラームとは何か――その宗教・社会・文化』講談社現代新書、一九九四年。

後藤絵美著・長沢栄治監修『イスラームのおしえ(イスラームってなに?)』かもがわ出版、二〇一七年。

桜井啓子『現代イラン――神の国の変貌』岩波新書、二〇〇一年。

坂本勉・鈴木薫「イスラームは復興はなるか」(新書イスラームの世界史)講談社現代新書、一九九三年。

田原牧『中東民衆革命の真実――エジプト現地リポート』集英社新書、二〇一一年。

富田健次訳『イランのシーア派イスラーム学教科書・イラン高校国定宗教教科書　世界の教科書シリーズ』明石書店、二〇〇八年。

中田考監修『日亜対訳クルアーン――「付」訳解と正統十読誦注解』作品社、二〇一四年。

日本イスラム協会『イスラム事典』平凡社、一九八二年。

藤原和彦『イスラム過激原理主義――なぜテロに走るのか』中公新書、二〇〇一年。

松山洋平編『クルアーン入門』作品社、二〇一八年。

水谷周『現代アラブ混迷史――ねじれの構造を読む』平凡社、二〇一三年。

宮田律『物語　イランの歴史――誇り高きペルシアの系譜』中公新書、二〇〇二年。

ルイス・フロイス著、岡田章雄訳注『ヨーロッパ文化と日本文化』岩波文庫、一九九一年。

Rana Husseini, "*Murder in the name of honor*", Oneworld Publications, 2009.

Samia Abdennour, "*Egyptian Customs and Festivals*", The American University in Cairo Press, 2007.

おわりに

一三年前、読売新聞の入社面接で、面接官を務めたベテラン記者に「中東特派員になりたい」と訴えた。そんな姿勢を粋に感じてくれたのか、採用された。そして入社九年目の二〇一六年、念願かないカイロ支局に赴任した。

「女性記者だからこそ聞ける声を」。赴任後、テロや内戦の現場取材で苦境に立つ市民の声を集めることが多かったが、なるべく女性の話を聞くよう心がけた。男性は声を上げ、現場で記者の元に寄ってくる人も多いが、女性は男性の陰に隠れ、自ら口を開く人は少ないからだ。発言しているのに途中で男性に遮られたり、話していいか夫の許可を取ったりする女性もいた。その視線の中に「一段階違う苦しみ」が潜んでいる気がしていた。

二〇一八年七月に始まった読売新聞国際面の連載記事「イスラムの女性」では、各地でテーマを見つけ、「女性記者の腕の見せ所」と張り切った。だが、スムーズに進んだ取材はほとんどない。途中で諦めそうになるほど困難なテーマも多かった。

最も難しく時間を要したのが、取材に応じてくれる対象者を探すことだった。そもそも取材したいテーマの多くが、日常生活に潜む「人には知られたくない話」だった。例えば、レイプ加害者と結婚した女性にたどり着くまでには二年以上を要した。処女膜の再生手術をした女性は、半年かけてようやく見つけたものの、取材当日になって「リスクが高い」という理由で「ドタキャン」された。夫に内緒で取材に応じてくれた女性も少なくなかった。

写真撮影も容易にはいかなかった。話すのはいいが、写真は駄目という女性は多い。個人を特定されたくないという事情だけではない。たとえ後ろ姿でも「自分の姿を人に見せていいかどうかは、夫（または父）に決める権利がある」と言う女性が何人もいた。ブルキニ（顔以外のほぼ全身を覆う水着）の撮影は軒並み拒否され、朝から始まった取材は夕暮れ時に終わった。

一方で、「そこまで話してくれていいの？」と驚く場面も多かった。取材の際、私はいつも性の話題に踏み込んでみるようにしていた。イスラム教はよく「性弱説」を前提とした宗教だと言われ、「人間は欲求に勝てない」という弱さを認めるからこそ、男女の空間を分けたり、女性の服装を規定したりする。だから、女性を知ることは男性を知ることと表裏一体で、性の話題は女性問題の根本に横たわるテーマだと考えていた。

「割礼」の取材では、割礼経験者の女性が大人になった今、夜に夫からどう扱われ、どう感じるか、「今まで誰かに打ち明けたかった」と言わんばかりに生々しく語ってくれた。サウジアラビア人のある女性は、行きつけのエステ店でアバヤ（全身を覆う衣服）を脱ぎ捨てると、元夫から全身の念入りな脱毛を求められていたという秘話を明かした。すると「私もよ！」「別れて正解！」と店員や周りの女性客も次々と話題に加わった。性事情、美容、男への愚痴、独身の自由と不安――。日本の「女子会」で定番といわれるような話題は、中東でも盛り上がっていた。私が入れ込んだのは、日々のニュースでは伝えられない女性たちのリアルな姿だった。

こうした取材を続けているうちに、イスラム圏の女性たちは「素顔」が見えにくい存在だからこそ、「抑圧された人たち」というイメージが定着したのではないかと思うようになった。直接取材して感じたことは、ただかわいそうな存在ではないということだった。

七世紀に生まれた宗教と二一世紀の現代社会、欲望と自制心、求められる理想像と自我――。彼女たちは、様々な価値観のはざまで、迷い、葛藤し、模索し、選択しながら、たくましく生きていた。家族が何よりも優先される社会で、出産や育児を重視しつつ、仕事にも奮闘するキャリアウーマンや、週末の親戚訪問を欠かさず、到底食べきれない大皿料理に腕をふるう主婦たち。深刻な少子高齢化や人間関係の希薄化に直面する日本社会が学ぶべき点も多い。

最後に、多大な貢献で取材を支えてくれた、読売新聞カイロ支局スタッフのマルワ・ヤヒヤ氏とマナル・ハバシー氏に心から感謝したい。そして、思い出したくもないつらい話や隠しておきたい恥ずかしい話、家族にも言えない胸の内を打ち明けてくれた多くの女性たちに敬意を表したい。

二〇二〇年一〇月

倉茂由美子

ま・や 行

ら 行

さ 行

た・な 行

は 行

索　引

欧 文

あ 行

か 行

本間圭一（ほんま・けいいち）

新潟県生まれ。1992年，読売新聞社入社。リオデジャネイロ，ロンドン，ワシントン，パリ支局を経て，2016～18年にカイロ支局長。現在，北見工業大学教授。

倉茂由美子（くらしげ・ゆみこ）

埼玉県生まれ。2008年，読売新聞社入社。社会部を経て，2016～19年にカイロ支局員。現在は社会部勤務。

金子靖志（かねこ・やすし）

長野県生まれ。信濃毎日新聞社を経て，読売新聞社入社。ヨルダン大学での語学研修後，2017～20年にエルサレム支局長。現在は政治部勤務。

中西賢司（なかにし・けんじ）

愛知県生まれ。1999年，読売新聞社入社。ヨハネスブルク支局を経て、2015～18年にテヘラン支局長。現在は国際部勤務。

水野翔太（みずの・しょうた）

静岡県生まれ。2009年，読売新聞社入社。2018年からテヘラン支局長。

《著者紹介》

読売新聞中東特派員（よみうりしんぶんちゅうとうとくはいん）

読売新聞社が世界各地に置く取材拠点のうち，カイロやエルサレムなど中東諸国に駐在する特派員。東はイランから，西はアフリカ・モーリタニアまで約20か国・地域をカバーする。20世紀後半の中東戦争やレバノン内戦では現地ルポルタージュを報道し，2003年のイラク戦争では従軍取材を行った。国際ジャーナリストの浅井信雄や元中東調査会参与の藤原和彦らを輩出した。

ルポルタージュ　イスラムに生まれて
――知られざる女性たちの私生活――

2020年12月15日　初版第1刷発行　〈検印省略〉

定価はカバーに
表示しています

著　者　読売新聞中東特派員
発行者　杉　田　啓　三
印刷者　森　元　勝　夫

発行所　株式会社　ミネルヴァ書房
607-8494　京都市山科区日ノ岡堤谷町1
電話代表　(075)581-5191
振替口座　01020-0-8076

モリモト印刷

ISBN 978-4-623-09021-1
Printed in Japan

中東の新たな秩序　松尾昌樹・岡野内正・吉川卓郎 編著　A5判三六二頁 本体三八〇〇円

「アラブの春」以後のイスラーム主義運動　髙岡豊・溝渕正季 編著　A5判三三六頁 本体三五〇〇円

女性学入門［改訂版］　杉本貴代栄 編著　A5判二四八頁 本体二八〇〇円

よくわかるジェンダー・スタディーズ　木村涼子・伊田久美子・熊安貴美江 編著　B5判二四二頁 本体二六〇〇円

多文化時代の宗教論入門　久松英二・佐野東生 編著　A5判二七二頁 本体三二〇〇円

よくわかる宗教学　櫻井義秀・平藤喜久子 編著　B5判二三二頁 本体二四〇〇円